AF458411

L'ART
DU
SAVONNIER.

Par M. DUHAMEL DU MONCEAU, *de l'Académie Royale des Sciences.*

M. DCC. LXXIV.

L'ART DU SAVONNIER,

OU

LA MANIERE DE FAIRE DIFFÉRENTES ESPECES DE SAVON.

Par M. DUHAMEL DU MONCEAU, de l'Académie Royale des Sciences.

LE Savon est une substance plus ou moins solide, qui résulte de l'épaississement d'une huile ou d'une graisse par un sel alkali caustique. Il y a différentes especes de Savon. Celui qui sert communément pour les blanchissages & les foulons est fait avec des huiles, soit animales, soit végétales, ou des graisses qui, étant pénétrées par des sels alkalis caustiques, forment une pâte plus ou moins ferme, ou un corps assez dur qui a des propriétés singulieres; car les huiles & les graisses qui sont immiscibles avec l'eau, s'y unissent intimement quand elles ont été converties en Savon, sans néanmoins perdre la propriété qu'elles avoient de dissoudre les substances grasses; ce qui rend les Savons très-propres à dégraisser les laines, à blanchir le linge, & à enlever quantité de taches.

M. Machy, dans un Mémoire qu'il a lu à l'Académie des Sciences en 1768, sur la cause immédiate de la saponification, pense, comme tous les Chymistes, que les matieres essentielles à la formation des Savons, sont un sel alkali caustique & une substance huileuse, telle que les huiles, les graisses, &c. Mais il s'est proposé d'examiner quelles sont les parties constituantes de ces substances, qui produisent dans la composition du Savon l'effet qu'on en attend, & auſſi ce qui établit dans l'alkali fixe ſa plus grande cauſticité.

Il commence d'abord par examiner ce qui regarde l'alkali cauſtique; & après avoir rapporté pluſieurs expériences qui établiſſent que l'alkali fixe combiné par la voie ſeche avec des terres abſorbantes ou métalliques, devient plus cauſtique qu'il ne l'étoit, de ſorte néanmoins que le degré de cauſticité eſt différent ſuivant la nature de ces terres, & la violence du feu qu'on a employé pour les unir; M. Machy, d'après ſes expériences, ne fait aucune difficulté de conclure que la cauſticité des ſels alkalis fixes eſt dûe, au moins en grande partie, à la préſence d'une terre ſurabondante; d'où il ſuit que le grand effet des leſſives fortes des Savonniers, réſulte du mélange de la chaux avec un ſel alkali: il confirme cette idée en faiſant remarquer que quand, par des ſolutions répétées, on parvient à décompoſer les ſels alkalis, ils perdent une partie de leur cauſticité, à meſure qu'on leur enleve une portion de la terre qui leur étoit unie; & c'eſt ce qui arrive en effet aux leſſives qu'on a conſervées fort long-temps: il ſe précipite un peu de terre, & la leſſive s'affoiblit.

Après avoir examiné comment la chaux augmente la cauſticité des ſels alkalis qu'on emploie dans les Savonneries, M. Machy paſſe à ce qui regarde les ſubſtances huileuſes, qui ſont le ſecond ingrédient du Savon; il ne penſe pas, comme quelques Chymiſtes, que la formation du Savon ſoit dûe à l'union de l'alkali de la leſſive des Savonniers avec l'acide des huiles qu'ils emploient, ce qui formeroit, ſuivant eux, une ſaturation ſaline: il n'adopte pas cette façon de penſer, parce qu'il a remarqué qu'il eſt d'autant plus difficile d'épaiſſir les huiles en Savon, qu'elles ſont plus acides, mais qu'on rend ces huiles acides propres à faire du Savon, ſoit en les épaiſſiſſant par une évaporation lente, ſoit en les rendant plus muqueuſes, en y diſſolvant quelque baume qui les épaiſſiſſe, tel que la térébenthine; & cette addition de matiere viſqueuſe ſe peut faire dans l'huile, ou en donnant au ſel alkali cet état viſqueux, & ne lui ajoutant que très-peu d'eau, ce qui remplit la même intention pour toutes les huiles eſſentielles, qui ne prennent pas volontiers la conſiſtance des Savons, mais qui, comme on le voit dans le *Sapo tartareus*, ont des propriétés particulieres aux Savons.

Partant de cette théorie, M. Machy dit avoir fait un vrai corps ſavonneux avec des ſubſtances qu'on n'avoit pas ſoupçonné propres à cette combinaiſon, & dans leſquelles on ne connoît pas d'huile développée; telle eſt l'ivoire, la corne de cerf, la gomme adragant, la pouſſiere du lycoperdon qui, étant triturées avec la leſſive des Savonniers, puis digérées ſoit dans l'eau, ſoit dans l'eſprit de vin, donnent des diſſolutions qu'on ne peut pas méconnoître pour être ſavonneuſes.

M. Machy conclud de ſes expériences & de ſes obſervations dont nous ne donnons qu'une légere idée, & que nous invitons à lire en entier dans le volume des Savants Etrangers, où il sera imprimé, il conclud, dis-je, 1°. que la causticité nécessaire aux lessives des Savonniers a pour cause immédiate & palpable la terre de la chaux; 2°, que la meilleure huile pour faire du Savon, est celle qui est la plus visqueuse; 3°, qu'on peut procurer cette viscosité aux huiles qui ne l'auroient pas naturellement par l'addition de substances capables de se dissoudre dans l'huile, ou en ajoutant aux sels alkalis seulement ce qu'il faut d'eau pour en faire un corps pâteux.

En partant des mêmes principes, je me suis proposé de faire du Savon avec de l'huile d'olive & de la pierre à cautere; pour cela j'ai broyé de l'huile d'olive avec de la pierre à cautere un peu humectée d'eau: je m'apperçus sur le champ que l'huile s'épaississoit: je fus obligé d'abandonner mon expérience pour revenir à Paris; mais à mon retour, je trouvai dans ma capsule un Savon très-solide qui s'étoit fait sans feu. Je parlerai dans la suite de la façon de faire le Savon sans le secours du feu; il suffit pour le présent qu'on sache que ce sel très-caustique s'étoit allié avec l'huile, & avoit fait un Savon, à la vérité brun & très-vilain, mais c'étoit du Savon, & cela me suffit.

Sans parler ici des substances Savonneuses qu'on peut faire avec les sels alkalis & les huiles essentielles, non plus que de l'épaississement des huiles par les chaux métalliques, il y a différentes especes de Savon, suivant les substances grasses & visqueuses qu'on a employées, & aussi suivant les différents sels alkalis dont on a fait usage.

I. *Des Substances avec lesquelles on fait du Savon, & particuliérement des Huiles.*

On peut faire du Savon avec les huiles tirées par expression des amandes, des noisettes, des noix, du chenevis, des graines de lin, de colza, de pavot, & aussi avec des substances animales, telles que l'huile de poisson, ainsi que les graisses des animaux; mais ces Savons sont de qualités fort différentes; celui qu'on fait avec les semences huileuses dont je viens de parler, est assez bon quand ces semences sont bien conditionnées; & quand on extrait l'huile presque sans feu, la plupart sont liquides ou plutôt pâteux.

Le Savon qu'on fait avec l'huile de poisson, blanchit très-bien le linge, mais il lui communique une odeur désagréable, qu'on peut à la vérité dissiper en l'étendant quelques jours sur le pré, comme on le fait pour les toiles écrues qu'on veut blanchir; il en est de même quand on a mêlé de l'huile de poisson avec celle des semences, ou avec les graisses, dont, comme nous l'avons dit, on peut faire du Savon.

Ce Savon qu'on fait avec les graisses, a peu de mauvaise odeur quand elles sont fraîches; & si étant vieilles & ayant acquis un commencement de corruption le Savon sent mauvais, on fait perdre cette odeur désagréable au linge en l'étendant sur le pré, ce qui augmente sa blancheur.

C'eſt avec l'huile d'olive pure qu'on fait le meilleur Savon, ſoit celui qu'on nous apporte d'Alicante, ſoit celui qu'on fait en Provence: il y en a de blanc & de marbré.

Le Savon blanc eſt communément plus tendre que le marbré; néanmoins il devient aſſez dur lorſqu'on le garde long-temps dans un lieu ſec: on le préfere pour le blanchiſſage du linge fin.

Le Savon marbré eſt communément plus dur & plus âcre que le blanc: on l'emploie pour blanchir le linge de ménage.

Les huiles très-fines ne ſe convertiſſent pas auſſi aiſément en Savon que celles qui ſont graſſes & épaiſſes; & l'odeur que ces huiles communes ont contractée, ne les fait pas rebuter par les Savonniers; on exige ſeulement qu'elles ſoient claires, &, comme l'on dit, *lampantes*; on met pour cela les lies dans des tonnes, & l'on ne fait entrer dans le Savon que ce qui ſurnage la lie, qu'on cuit quelquefois à part, pour faire du Savon mou & fort commun.

On tire de Flandres les huiles de graines; mais pour l'huile d'olive les Savonniers en achetent de commune en Languedoc ou en Provence; & comme il s'en faut beaucoup que ces Provinces puiſſent en fournir aſſez pour la conſommation de toutes les Savonneries qui ſont établies en France, on en tire de Tunis, de Sicile, de Candie, de la Morée, de quelques Iſles de l'Archipel, du Royaume de Naples, des côtes d'Eſpagne & de Gênes, &c.

La plupart de ces huiles n'étant pas propres pour les aliments, ſont à meilleur marché que les fines, & font de bon Savon.

Voilà à peu-près ce que nous avions à dire ſur les huiles; il faut maintenant parler des ſels âcres que les Savonniers emploient.

II. *Des Sels alkalis dont on ſe ſert pour faire le Savon.*

Les Sels alkalis qu'on emploie pour faire le Savon en pain, ſont *la barille* ou *la ſoude*, *la bourde* & *les cendres du Levant*, dont on augmente l'âcreté par la chaux; pour le Savon mou ou en pâte, on emploie volontiers la potaſſe blanche ou griſe, dont on augmente l'activité avec de la chaux vive.

J'ai raſſemblé beaucoup de matériaux pour établir le caractere de ces différents ſels, & détailler comment on les obtient; mais comme cet article m'engageroit dans de grandes diſcuſſions qui peuvent faire le ſujet d'une diſſertation particuliere, je me reſtraindrai à donner une idée de ces différentes ſubſtances, qui néanmoins ſera ſuffiſante pour l'intelligence de ce que j'aurai à dire ſur la façon de faire le Savon.

M. Geoffroy dit dans les Mémoires de l'Académie, année 1739, que la ſoude d'Alicante, la barille, la bourde & les cendres du Levant contiennent un ſel alkali qui ſe cryſtalliſe comme la baſe du ſel marin, & que ces ſels étant réduits en cryſtaux, contiennent la moitié de leur poids d'eau: je le penſe de même; néanmoins

néanmoins ces sels se retirent de différentes plantes, & les Savonniers prétendent qu'ils ne produisent pas exactement les mêmes effets pour faire le Savon; de sorte qu'on ne doit pas les employer indifféremment pour le Savon blanc ou le marbré, non plus que celui qui doit être en pain, ou celui qui reste en pâte, apparemment qu'il se mêle avec le sel alkali des sels moyens ou des substances étrangeres qui produisent ces effets.

Les cendres du Levant se tirent de Tripoli de Syrie, de Saint-Jean d'Acre; elles se font de différentes plantes, principalement d'une, que les Arabes appellent *Roquetta.* On récolte cette plante dans différentes saisons, presque comme nous faisons le foin, à mesure qu'elle parvient à un certain degré de maturité; quand elle est un peu desséchée, on la brûle dans des fosses creusées en terre, d'environ quatre pieds de profondeur, ajoutant de cette plante à mesure que le feu en consume; & de temps en temps on remue ou l'on brasse ces cendres avec des especes de bouloirs: elles prennent une couleur un peu plus foncée que les cendres ordinaires; mais elles ne se durcissent pas au fond des fosses, comme on verra que le font les soudes; on trouve seulement dans ces cendres de petites molécules raboteuses & dures qu'on appelle *la Roquette.* Comme ce sont elles qui donnent le plus de sel, les cendres sont d'autant plus estimées qu'elles en contiennent davantage: on pile ces molécules pour que le sel se dissolve mieux, & il est reconnu pour le plus propre à faire le meilleur Savon blanc, de sorte qu'il seroit avantageux de pouvoir faire une cuite entiere avec le sel de Roquette; mais comme sur dix quintaux de cendres, il n'y a pas plus de cinquante livres de Roquette, on ne s'avise pas de la retirer des cendres, qui, par cette soustraction, seroient détériorées, quoiqu'on soit certain qu'on feroit de bon Savon blanc avec les deux tiers de la quantité de lessive qu'on a coutume d'employer pour faire une bonne cuite de Savon.

Cette bonne cendre de Tripoli de Syrie, se distingue des autres par de petites parcelles ou fétus semblables à de la paille, qui se trouvent mêlées avec beaucoup de Roquette; elles doivent être piquantes sur la langue, & avoir une saveur lixivielle, mais point celle du sel marin.

Les cendres de Tripoli de Barbarie, d'Acre, de Constantinople, de la Mer Noire, de la Morée & d'autres lieux circonvoisins, sont rarement aussi bonnes: leur couleur est pâle; elles sont peu chargées de Roquette; & étant mises sur la langue, elles ont peu de saveur. On soupçonne que les Turcs les sophistiquent en y mettant une terre de couleur de cendre: ce qu'il y a de certain, c'est qu'elles fournissent peu de bonnes lessives; néanmoins les Anglois & les Hollandois s'en servent utilement pour dégraisser leur laine.

La barille ou soude se fait avec différentes especes de kali, qu'on seme & qu'on recueille toutes les années, comme on fait les grains; on réserve de la graine la quantité dont on prévoit avoir besoin pour semer l'année suivante; au reste, on la coupe le plus près de terre que l'on peut vers le mois d'Août, quand le

Soleil l'a bien murie. Quand on l'a coupée, on en forme de petits fagots, qu'on entaſſe les uns ſur les autres auprès de la foſſe qu'on a faite pour les brûler, comme nous avons dit qu'on faiſoit la Roquette; mais il y a cette différence qu'en la braſſant avec un bouloir, la cendre entre dans une ſorte de fuſion qui la fait paroître comme du plomb fondu; elle tombe en cet état au fond de la foſſe, où la laiſſant expoſée pendant quelques jours à l'air & au ſoleil, elle ſe durcit comme une pierre. On a ſoin, avant qu'elle ſoit entiérement endurcie, de la couper avec une pelle de fer en quatre quartiers, pour qu'elle ſoit plus aiſée à tranſporter.

On diſtingue deux eſpeces de barille, toutes les deux piquantes ſur la langue; l'une eſt ſalée, & l'autre a peu de ſaveur.

La barille, telle qu'on la vend, eſt une matiere dure & peſante; on la tire de pluſieurs endroits d'Eſpagne; la meilleure vient d'Alicante; celle de Carthagene eſt aſſez eſtimée: on la tranſporte dans des ſurons d'auffe. Les ſurons qui viennent d'Alicante peſent 4 à 5 quintaux, ceux de Carthagene 7 à 8.

Les Marchands, pour en connoître la qualité, en rompent quelques morceaux; ils ne doivent pas être trop durs; & on regarde d'un œil de préférence ceux qui ont çà & là de petits trous ronds; étant portés au nez, ils doivent avoir une légere odeur lixivielle; & poſant la langue deſſus, on ne doit pas y trouver une ſaveur acide, ni ſemblable au ſel marin, mais douce, ou, comme ils diſent *ſavonneuſe*: ils verſent deſſus un peu de leſſive, & alors elle doit répandre une forte odeur lixivielle que les Fabriquants trouvent agréable. On dit encore que quelques-uns en mettent dans le creux de la main, & qu'en exprimant deſſus un jus de citron, la bonne ſoude doit prendre une couleur rouge; mais tous conviennent qu'on n'eſt véritablement certain de ſa qualité que dans l'emploi.

Il y a d'autres matieres à peu-près ſemblables à la barille & à la ſoude, qu'on tire de quelques endroits de Catalogne, particuliérement de Lampurda. On en tire auſſi d'Eſpagne & de pluſieurs autres endroits; on leur donne le nom de *Bourde* & de *Salicot*. Nous allons dire quelque choſe de leur qualité, de leur bonté, de leurs défauts & de l'uſage qu'on en peut faire.

La bourde, autant que je l'ai pu apprendre, ſe fait avec une plante vivace qui vient ſans culture dans des endroits aſſez humides.

Lorſqu'elle eſt un peu deſſéchée, on la brûle dans des foſſes, comme le kali qui fournit la ſoude, & elle ſe durcit de même. La bourde rompue par morceaux reſſemble aſſez à du charbon de pierre; ſur la langue, elle eſt ſalée, âcre & piquante; & quand elle eſt mouillée, elle répand une odeur d'hépar fort déſagréable.

On en diſtingue de deux eſpeces; celle qui eſt très-âcre, piquante & qui a une mauvaiſe odeur, ne s'emploie que pour les Savons marbrés, à moins qu'on n'en mêle un peu avec des cendres qui fourniſſent peu de ſel. En ce cas, la bourde employée en petite quantité, lui communique l'âcreté néceſſaire pour épaiſſir les huiles.

L'autre espece, qui est plus douce, & qui ne répand qu'une odeur lixivielle, peut servir pour le Savon blanc, en la mêlant avec des cendres ou de la barille; car il est également dangereux d'avoir des lessives trop âcres ou trop douces.

Alexandrie fournit encore une substance saline que les Turcs nomment *Natron* ou *Natrum*, qu'on a nommé aussi *Soude blanche* ou *Nitre des Anciens*. Ce sel se trouve en Egypte tout naturellement & sans aucune préparation; j'en ai reçu de M. Granger, Correspondant de l'Académie, qui a beaucoup voyagé dans le Levant: il étoit très-blanc, & tout-à-fait semblable au sel de soude bien purifié. Il n'est pas douteux qu'on pourroit faire usage de ce sel dans les Savonneries; mais comme il n'en vient point par la voie du commerce, & que l'entrée en est défendue, on ne peut pas dire précisément quel usage on en pourroit faire dans les fabriques de Savon.

M. Granger dit en avoir trouvé en grande abondance de tout crystallisé aux bords de certains lacs: quoi qu'il en soit, j'ai examiné avec attention de ce *Natrum*; j'en ai retiré un peu de sel marin, beaucoup de sel alkali, absolument semblable au sel de soude, mais rien d'approchant du nitre; ainsi, ou bien le nitre des anciens ne ressembloit pas au nôtre, ou bien on a eu tort de regarder le *Natrum* comme le nitre des anciens.

Il suit de mon analyse que ce sel est entiérement semblable à la soude; il contient un peu de sel marin, beaucoup de sel alkali minéral, semblable à la base du sel marin. Il est bien raisonnable, à cause de sa couleur, de le nommer *Soude blanche*; ce sel a fait pendant du temps une branche de commerce assez considérable. J'ignore pour quelle raison on en a défendu l'entrée. Seroit-ce à cause de la petite quantité de sel marin qu'il contient; mais il a cela de commun avec toutes les soudes? Seroit-ce parce qu'on auroit apporté & vendu sous le nom de *Soude blanche* du sel marin d'Espagne ou de Portugal? si cela est, au lieu d'interrompre une branche de commerce utile, on auroit dû indiquer un moyen de distinguer ces deux sels, ce qui auroit été très-facile.

On trouve dans les Pharmacopées un sel qu'on appelle *Natrum factice*, ou *Anatrum artificiel*; c'est un sel composé de dix parties de salpêtre, quatre parties de chaux vive, trois parties de sel marin, deux parties d'alun de roche, & deux parties de vitriol; on dissout tous ces sels dans l'eau; on filtre la colature qu'on évapore ensuite jusqu'à siccité: ce mélange assez bizarre est recommandé pour la fonte & la purification des métaux; mais il n'en peut rien résulter d'avantageux pour la formation du Savon.

On apporte de Pologne, d'Allemagne, de Dantzick, de Moscovie, une substance saline, qu'on nomme *Potasse*: cette substance est très-chargée de sel âcre; on dit qu'on la fait en brûlant du bois de toute espece dans des fours creusés en terre & revêtus de briques: on prétend que comme dans le Nord on emploie à cet usage beaucoup de bois résineux, il y a des opérations où cette potasse produit un mauvais effet; elle differe principalement de la ſoude, en ce que le ſel alkali qu'elle contient eſt de la nature du ſel de tartre, au lieu que celui de la ſoude eſt la baſe du ſel marin ; elle eſt ſouvent un peu alliée de tartre vitriolé, & quelquefois de ſel marin. Les Savonniers ne s'en ſervent gueres que pour faire des Savons en pâte.

Auprès de Sarrelouis, dans les grandes Forêts qui s'étendent depuis la Moſelle juſqu'au Rhin, on fait de bonne potaſſe, comme je vais l'expliquer. On choiſit de gros & vieux arbres : le hêtre eſt le meilleur, enſuite le charme ; on les coupe en tronçons de dix à douze pieds de longueur. On les arrange les uns ſur les autres, & on y met le feu ; on met les cendres dans de l'eau pour en faire une eſpece de boue : on prend enſuite des morceaux de ce même bois pourris & ſpongieux qu'on fait tremper dans cette boue, & on ne les retire que quand ils en ſont bien pénétrés ; on en remet d'autres juſqu'à ce que toute la cendre ſoit épuiſée.

On pratique en terre une foſſe de trois pieds en quarré, ſur l'ouverture de laquelle on poſe des barres de fer en forme de grille, pour ſoutenir des morceaux de bois bien ſecs, par-deſſus leſquels on arrange de ceux qui ont été imbibés de leſſive ; on met le feu au bois ſec qui eſt ſous celui qui a été imbibé, & lorſque le tout eſt bien allumé, on voit tomber dans la foſſe une pluie de potaſſe fondue; on a ſoin de remettre du bois chargé de leſſive à meſure que les morceaux qu'on a mis ſe conſument, ce qu'on continue juſqu'à ce que la foſſe ſoit remplie de potaſſe ; alors, & avant que la potaſſe ſoit réfroidie, on nétoye la ſuperficie le mieux qu'il eſt poſſible, en l'écumant, pour ainſi dire, avec un rateau de fer ; néanmoins il y reſte du charbon & d'autres impuretés, ce qui fait qu'on ne ſe ſert de cette potaſſe, qu'on appelle *en terre*, que pour des Savons en pâte, gros & communs. Quand cette ſubſtance ſaline eſt refroidie, elle forme une ſeule maſſe qu'on briſe par morceaux pour la renfermer dans des tonneaux ; car comme elle eſt fort avide de l'humidité de l'air, elle tomberoit en *deliquium.*

On fait une autre potaſſe qui eſt beaucoup meilleure ; on la commence comme l'autre, on coule les cendres pour en faire une leſſive, & on paſſe de l'eau deſſus, juſqu'à ce qu'elle ne ſoit plus graſſe entre les doigts, ou qu'elle n'ait plus de ſaveur ; on l'évapore enſuite dans des chaudieres de fer montées ſur un fourneau de brique ; à meſure que la leſſive s'évapore, on en met de nouvelle, mais qui doit être chaude, ſans quoi elle s'éleveroit au-deſſus de la chaudiere & ſe répandroit. Quand elle eſt épaiſſie, & qu'elle s'éleve en forme de mouſſe, on ralentit le feu ; & quand la leſſive eſt refroidie, on trouve dans la chaudiere une maſſe ſaline très-dure, qu'il faut rompre avec un ciſeau & un maillet pour en former des morceaux, qu'on porte dans un fourneau diſpoſé de façon que la flamme du feu qu'on fait des deux côtés, ſe répande dans une eſpece d'arche, ſous laquelle eſt le ſel qui, étant ſéché par la flamme, eſt vivement calciné. Cette maſſe ſaline eſt ſuffiſamment calcinée quand elle paroît bien blanche ; cependant elle a différentes couleurs ſuivant les eſpeces de bois qu'on a brûlés, & le lieu où les arbres ont pris leur accroiſſement ; car ceux qui ſont la potaſſe

potasse, prétendent que les arbres du haut des montagnes font une potasse bleu pâle, que ceux qu'on tire des terreins marécageux en donnent peu qui est rougeâtre, & qu'il y en a qui la donnent blanche ; cette potasse calcinée s'appelle *Potasse en chaudron* ou *Salin.* Toutes sortes de bois fournissent des sels lixiviels en grande partie alkalis, alliés de différents sels moyens; ainsi il n'y en a aucun qui ne puisse fournir de la potasse en plus ou en moins grande quantité, tout l'art consiste à brûler le bois, à lessiver & calciner les cendres, & à évaporer les sels d'une façon peu embarrassante & expéditive. Le fourneau dont nous allons donner la description paroît propre à remplir ces vues.

La Figure premiere de la Planche premiere représente le devant du fourneau sur les proportions à peu-près de six lignes pour pied. *A*, est la porte d'un grand cendrier. *B*, est la porte de la fournaise où l'on brûle le bois : cette chambre est sous la premiere voûte. *C*, est la porte qui répond dans la chambre où l'on met les matieres qu'on veut calciner. *D*, est une ouverture pratiquée au plus haut du fourneau, par laquelle la fumée doit s'échapper. *E*, est une chaudiere pour l'évaporation des lessives.

La Figure 2 représente une coupe transversale de ce fourneau. *F*, est le grand cendrier. *G*, barreaux de fer qui supportent le bois que l'on brûle. *H*, premiere voûte sous laquelle on brûle le bois. *I*, seconde voûte sous laquelle on met les sels qu'on veut calciner. *K*, partie d'une chaudiere dans laquelle on met les lessives qu'on veut évaporer ; cette partie est dans le fourneau. *L*, partie de la même chaudiere qui excede le dessus du fourneau.

La Figure 3 représente une coupe du même fourneau suivant sa longueur. *A*, est la porte du cendrier par laquelle entre l'air qui anime le feu. *F*, capacité du cendrier qui est grand pour contenir beaucoup de cendres. *G*, la grille de fer qui porte le bois. *B*, la porte de la fournaise ou de l'endroit où l'on brûle le bois. *M*, épaisseur de la premiere voûte qui ne doit pas s'étendre de toute la longueur du fourneau ; il doit rester en *N* un pied ou environ de distance afin que l'air chaud, la flamme & la fumée passent dans la chambre *I*, où sont les sels qu'on veut calciner & qu'elle chauffe en même temps les chaudieres *K*, *L*, où est la lessive qu'on veut évaporer. *C*, est une porte de cette chambre, qu'on ouvre quand on veut retirer le sel, mais qui est exactement fermée tant que le feu est au fourneau. *D*, ouverture par où doit s'échapper la fumée ; il est bon que cette ouverture aboutisse dans un tuyau de cheminée *D Q*, indiqué par des lignes ponctuées. Quand le feu est bien allumé dans la fournaise *H*, & qu'on a fermé les ouvertures *P*, *C*, *B*, l'air qui entre par la bouche *A* du cendrier, après avoir animé le feu de la fournaise, & produit une grande chaleur dans la chambre *I*, sort par l'ouverture *N*, & s'échappe par *D Q*.

Quand on a filtré la lessive, avant de la mettre dans les chaudieres, on retire une belle potasse, qu'on calcine dans la chambre *I* ; mais quand on se propose de n'avoir que des cendres gravelées, on tire celles qui ſont dans le cendrier pour les mettre dans la chambre *I*, où elles achevent de ſe cuire.

Si l'on veut que les cendres qu'on tire de la chambre *I*, ſoient plus chargées de ſels, on peut les mettre dans une cuve avec de l'eau, pour en faire une eſpece de pâte claire, & y mettre tremper des bûches de bois pourri, qu'on brûle enſuite, comme nous l'avons dit plus haut.

Il faut conſerver les leſſives foibles pour les paſſer ſur de nouvelles cendres.

Il eſt bon de remarquer que ſi la fabrique de Savon étoit dans le même endroit où l'on fait la potaſſe, il ſeroit inutile d'évaporer les leſſives juſqu'à ſiccité, parce qu'on pourroit les mettre tout de ſuite dans les chaudieres de la Savonnerie, lorſqu'elles auroient été aſſez concentrées, & rendues âcres par l'addition de la chaux.

Quelques-uns ſophiſtiquent la potaſſe, en y mêlant de la chaux fuſée à l'air; non-ſeulement cette addition rend cette potaſſe peu propre pour certains uſages; mais les Savonniers qui mêlent de la chaux dans les leſſives, déſirent qu'il n'y en ait point dans leur potaſſe, ils préferent d'en mettre eux-mêmes une quantité ſuffiſante, parce qu'elle eſt moins chere que les cendres.

On fait encore une eſpece de ſoude avec les plantes qui croiſſent dans le lit même de la mer, on la nomme *Soude de Varech.* Pour faire cette ſoude, on coupe ou plutôt on arrache à mer baſſe le varech & différentes eſpeces de *fucus*, & on les étend pour les faire ſécher ſur des roches ou des places nettes que la mer ne recouvre pas: quelques-uns y mettent le varech que la mer jette ſur ſes bords; mais c'eſt mal à propos, parce qu'il eſt chargé d'immondices qui alterent la ſoude.

Quand ces plantes ſont en partie ſeches, on les brûle dans des foſſes plus larges par le haut que par le fond qui eſt creuſé en calotte, & le tout eſt revêtu de pierre; on brûle donc ces plantes comme nous avons dit qu'on fait la ſoude. Il y a de ces foſſes plus grandes les unes que les autres, quelques-unes ſont creuſées dans le rocher: comme elles ſont aſſez près les unes des autres, un même homme peut fournir du varech à pluſieurs, à meſure que celui qu'il a mis eſt brûlé; & auſſi-tôt qu'on voit paroître de la flamme, on jette deſſus un peu de varech.

Lorſque la foſſe eſt remplie de ſoude fondue, & bien cuite, on ôte promptement avec un rateau, les charbons & la cendre qui nagent deſſus, & ſur le champ des Ouvriers munis de perches de 8 à 10 pieds de longueur, boulent, remuent & agitent la ſoude qui eſt en une eſpece de fonte. Alors la ſoude doit paroître comme du verre fondu; & quand elle eſt refroidie, elle doit être brune, mais un peu tranſparente & caſſante comme du verre.

On commence à faire la ſoude en Avril, & on continue juſqu'en Octobre, lorſque le temps eſt beau; car la pluie y eſt contraire. Dans un petit fourneau de capacité à contenir deux cents livres de ſoude, on entretient le feu au moins douze heures, & à proportion dans les plus grands; car on doit le continuer jusqu'à ce que le fourneau soit rempli de cendres. Cette soude contient beaucoup de sel marin & peu de sel alkali ; (*) ainsi elle n'est pas à beaucoup près aussi propre à faire du Savon que les autres soudes.

Il est certain que les substances salines dont nous venons de parler, sont tantôt plus & tantôt moins cheres, comme toutes les autres especes de marchandises ; néanmoins pour faire appercevoir à peu-près la proportion qu'il y a entre le prix des unes & celui des autres, je dirai que si les cendres du Levant qu'on prend à la côte de Syrie, & qu'on embarque comme lest dans les vaisseaux qui vont charger dans les Echelles, coûtent douze livres le quintal poids de marc, les barilles qui se tirent de la côte d'Espagne, coûtent de sept à neuf livres, & la bourde de cinq à sept : mais comme je l'ai dit, tous ces prix sont sujets à beaucoup varier ; ainsi ce que je viens de rapporter ne sert qu'à faire appercevoir à peu-près la proportion qu'il y a communément entre le prix des unes & des autres.

III. *De la Chaux.*

Tous les Fabriquants de Savon conviennent qu'il faut de la chaux pour faire une bonne lessive ; mais plusieurs se sont imaginé qu'elle ne servoit qu'à empêcher que les molécules de soude, de bourde, &c, se joignissent assez intimement pour que l'eau ne pût s'introduire entr'elles, ce qui est nécessaire pour la dissolution des parties salines ; quoiqu'il paroisse que la chaux soit plus propre à fermer ces interstices qu'à les tenir ouverts, quelques-uns, remplis de cette idée dénuée de toute vraisemblance, crurent suppléer à la chaux en mêlant avec leurs substances salines de la paille hachée, & ceux-là ne purent parvenir à faire une bonne lessive. On n'en sera pas surpris quand on fera attention qu'il faut une substance très-âcre pour épaissir l'huile & la convertir en Savon, & que la chaux procure cette âcreté aux sels alkalis ; la chaux entre donc dans la lessive comme une substance très-active. Cette vérité a été bien établie au commencement de ce Mémoire, & les Fabriquants ont lieu de s'en convaincre par leur propre expérience, puisqu'ils voyent, lorsqu'ils coulent leur lessive, qu'elle n'a plus de force quand la chaux est épuisée ; & il y a grande apparence que leur troisieme lessive seroit meilleure, s'ils passoient sur leur cendre de l'eau de chaux, au lieu d'eau commune ; il suit delà que pour avoir une bonne lessive, il faut employer de bonne chaux, & que celle qui est nouvelle est préférable à la vieille qui a fusé à l'air, quoiqu'il soit nécessaire que la chaux soit fusée pour être employée dans les Savonneries.

(*) M. Cadet a donné une analyse de cette soude (Mémoires de l'Académie de 1767, *page* 487). Depuis cette analyse MM. Guettard, Tillet & Fougeroux, ont donné à l'Académie une suite d'observations des plus curieuses & des plus utiles sur les différentes especes de *Fucus* dont on retire cette soude : on ne tardera pas à jouir de leurs travaux dans les premiers Volumes de l'Académie qui paroîtront.

IV. *Des Ustensiles dont on fait usage dans les Fabriques de Savon.*

Après avoir rapporté les matieres qui entrent dans la composition du Savon, les différents noms qu'on leur donne, d'où on les tire, ce qui indique leur bonne qualité, leurs défauts, la supériorité des unes sur les autres, ces préliminaires étant connus, il convient de donner le détail des ustensiles qu'on emploie dans les fabriques.

A, Pl. 1, *fig.* 4, est une barre de fer, longue d'environ douze pieds, dont un des bouts terminé en pointe forme un crochet; on le nomme *fourgon*: son usage est d'arranger les bûches qu'on met dans le fourneau; c'est encore avec ce fourgon qu'on remue la braise pour rendre le feu plus actif, quand on le juge nécessaire.

On a encore une barre de fer crochue par le bout, de la même longueur & épaisseur que le fourgon; on l'appelle *rouable* ou *redable*: elle sert à tirer le feu ou la cendre du fourneau, lorsqu'on veut diminuer l'action du feu ou l'éteindre.

Il faut avoir une regle de bois *B*, qu'on pose sur les pains de Savon qui sont aux mises, lorsqu'ils sont suffisamment raffermis pour tracer avec un couteau tranchant les endroits où on doit les couper; c'est ce qu'on nomme *régler les pains.*

On a encore un barreau de fer *C*, qu'on nomme *matras*; il est un peu courbe, & a environ un pouce de diametre au milieu & sept pieds de longueur. A un de ses bouts, il y a une tête de fer à peu-près conique, qu'on entortille de linge ou de chanvre pour former un tampon qui sert à boucher un canal qui répond à la chaudiere, & qu'on nomme *l'épine*, par lequel on laisse écouler les lessives usées, comme je l'expliquerai dans la suite. Il est clair qu'en tirant à soi le matras, on ferme *l'épine*, & qu'on l'ouvre en le poussant en dedans de la cuve. *D*, est un instrument de bois qu'on nomme encore *rouable* ou *redable*; il est formé d'un morceau de planche quarré, de neuf pouces de côté, dont les angles sont abbatus, & emmanché au bout d'une perche de neuf pieds de longueur. On verra dans la suite qu'il sert à remuer la pâte dans la chaudiere, lorsqu'on fait du Savon marbré. *E*, pelle creuse de fer; elle est emmanchée de bois: elle sert à différents usages. *F*, pelle de fer emmanchée de bois, qui sert à mêler ensemble la chaux avec les substances salines qui ont été pilées, & à ranger ces substances dans les cuviers pour en retirer la lessive. *G*, est une masse de fer emmanchée de bois, pour rompre la barille & la bourde. *H*, est encore une masse de fer; mais elle est platte, & son usage est d'écraser les mêmes substances qui ont d'abord été rompues avec la masse *G*. *I*, crible fin pour passer la chaux. *K*, truelle semblable à celle des Maçons: on s'en sert pour réparer les ruptures, les écorchures & les trous qui se font aux pains de Savon. *L*, plane de bois, d'un pied de long, pour applanir le Savon blanc sur les mises. *M*, pelle

pelle de fer avec un manche, aussi de fer, qui n'a que 3 pieds de long; elle sert à lever les pains de Savon de dessus les mises. *N*, peigne de bois à dents de fer pour tracer sur les pains de Savon *P*, les endroits où il faut les couper, soit en gros pains ou par tables, comme on le voit en *O*, ou par petits cubes, comme en *P*. *Q*, poëlon de cuivre de neuf pouces de diametre, sur une pareille hauteur, avec son manche de bois de neuf pieds de longueur; il sert à tirer les lessives & les huiles des réservoirs. *R*, petit poëlon de cuivre de six pouces de hauteur, sur neuf de diametre: la longueur du manche est de trois pieds; communément on le nomme *casse*; il sert à puiser le Savon dans la chaudiere, ou de l'eau pour arroser la chaux. *S*, couteau, dont le manche est de fer, ainsi que la lame; il a trois pieds de longueur; il sert à couper le Savon dans les mises; un valet le gouverne par la poignée, pendant qu'un autre le tire, au moyen de la corde *S*. *T*, broc de bois ou seau de huit pouces de hauteur, d'un pied de diametre: on le nomme *cornude*; il sert à porter les lessives, l'huile ou l'eau. *V*, fil de laiton, qui a à un bout une manille, & à l'autre un bouton; il sert à couper les petits pains de Savon. Y, chauderon de cuivre à oreille, que les Provençaux nomment *servidou*: son usage le plus ordinaire est de porter le Savon cuit & en pâte aux mises. *Z*, jarre; ce sont des vases de terre vernissés, de différentes grandeurs, dans lesquels on dépose l'huile.

V. *Des Ustensiles pour faire les Lessives.*

DANS les petites Fabriques on a un ou plusieurs cuviers, qu'on établit sur des treteaux, assez élevés au-dessus du terrein pour qu'on puisse mettre dessous des vases pour recevoir la lessive; il y a au fond de ces cuviers un ou plusieurs trous, fermés avec des robinets de bois, pour empêcher l'écoulement, quand on le juge à propos, & on y substitue un tampon de paille pour que la lessive coule peu à peu, quand on a mis dans les cuviers les substances salines & la chaux, ainsi que nous l'expliquerons dans la suite. Je ne m'arrêterai pas plus long-tems à détailler cette opération, parce qu'elle est la même que ce qu'on voit chez les lessiveuses quand elles coulent leurs lessives.

Dans les grandes Fabriques de Marseille la disposition est différente; nous l'avons représentée *Pl.* II, *fig.* I.

A, sont des compartiments solidement établis, dans lesquels on met le mélange de substances salines & de chaux dont on veut tirer la lessive: on les nomme en Provence *bugadieres*, ailleurs *cuviers*; chacune a à peu près 5 pieds en quarré, & 4 pieds & demi de hauteur, & elles sont construites à chaux & à ciment avec des briques de plat. *B B*, sont des especes de citernes, construites en terre, le niveau du terrein étant indiqué par les lettres *C C*: ces especes de citernes ou réservoirs se nomment en Provence *recibidou*; il faut donc concevoir que la lessive qui s'écoule des bugadieres *A*, par les robinets *D*, tombe dans les recibidous *B*, par les ouvertures *E*, qui servent aussi à retirer la lessive; mais la capacité totale du recibidou est divisée en plusieurs petites citernes par des cloisons; de sorte que la lessive qui coule par chaque robinet tombe dans un récibidou particulier: on verra dans la suite que cette précaution est nécessaire pour parvenir à distinguer les lessives suivant leur force.

On voit au-dessus une gouttiere *F F*; elle reçoit, comme on le verra dans les plans généraux, l'eau qu'on tire d'un puits avec une pompe, & l'on fait couler cette eau en plus ou moins grande quantité dans les bugadieres *A*, par les robinets *G G*.

On voit encore quelques Fabriques où les bugadieres sont formées en dedans par cinq ardoises épaisses, dont une fait le fond & les quatre autres les côtés; on met aux jointures un mastic, fait avec de la chaux en poudre & des blancs-d'œufs, que l'âcreté de la lessive fait durcir.

On ne se sert plus ni de blancs-d'œufs ni d'ardoises; on fait les cloisons avec des briques, posées de plat & à liaison, & on emploie le même mortier que pour la partie de la campane qui est au-dessus du chauderon: quand les petits murs de séparation du recibidou sont à une hauteur convenable, on les cintre pour former des voûtes, sur lesquelles sont établies les bugadieres; le tout est crépi comme la campane: quelques-uns se servent de pozzolane, & l'ouvrage en est plus solide. Tout cela deviendra plus clair quand nous expliquerons la maniere de faire les lessives; nous ne nous sommes proposés maintenant que de faire comprendre ce qu'on entend par bugadieres & recibidou, dont nous aurons occasion de parler assez fréquemment.

VI. *Des Chaudieres pour cuire le Savon, & de leur établissement sur le fourneau.*

La grandeur des chaudieres est proportionnée à la force de la Fabrique; on en voit qui ont 8 pieds & demi de largeur, & 8 pieds de profondeur; on économiseroit le bois si elles étoient entiérement de métal, & que l'air chaud & la flamme pût les chauffer dans toute leur étendue; mais à presque toutes il n'y a que le fond qui soit aux unes de tôle de Suede, & aux autres de cuivre, de 4 lignes d'épaisseur: cette partie, qu'on nomme le *chaudron*, forme une courbe, qui n'a qu'un demi-pied, ou au plus 10 pouces de profondeur; ainsi elle a la figure d'une espece de jatte ou d'une calotte, qui a son embouchure de 5 à six pieds de diametre: les bords, qu'on appelle *anses*, sont renversés en dehors, & applatis comme le bord d'un chapeau: cette partie est noyée dans la maçonnerie, qui fait le haut du fourneau, & recouverte par celle qui acheve la capacité de la chaudiere; ensorte que les bords du chauderon qui sont tout plats, portent d'un bon demi-pied sur les murs de briques qui font le fourneau, & ces bords sont recouverts par les briques, qui font partie de la chaudiere. Ces briques se nomment en Provence *malons*; elles ont 9 pouces de largeur, 12 de longueur, un

& demi d'épaisseur ; on les pose sur le champ pour mieux former le contour de la chaudiere. Voici comme est construit ce fourneau.

Le bas du fourneau *a a*, *fig.* 2, qui est de briques, posés à mortier de chaux & ciment, forme une portion circulaire, dont le diametre est plus grand que le fond de la chaudiere ou le chauderon, à l'endroit où les bords se renversent en forme de bords de chapeau. Quand cette tour de mâçonnerie est élevée jusqu'à *e e*, *fig.* 2, on pose une grille de fer *c*, *fig.* 3, sur laquelle on met le bois qui doit chauffer la chaudiere ; le dessous de cette grille est le cendrier.

Un peu plus haut que cette grille, à la partie opposée à l'entrée du fourneau *d d*, est la naissance du tuyau de cheminée *e e*, *fig.* 2, 3 & 4, pour la décharge de la fumée : souvent il n'y a qu'un tuyau de cheminée pour deux chaudieres. On imagine bien que ces tuyaux doivent s'élever au-dessus du toît, à la naissance du tuyau de cheminée, la bâtisse en brique du fourneau se rétrecit, comme la naissance d'une voûte pour embrasser le fond de la chaudiere ou le chauderon, dont les bords sont posés à bain de mortier, sur ce qu'on a bâti en brique, & on éleve sur les mêmes bords la partie de la chaudiere *h*, *fig.* 2, qui doit être en mâçonnerie ; ainsi les côtés de la chaudiere sont élevés sur les murs du fourneau qui lui servent de fondation. Le tout est noyé dans un massif de mâçonnerie *b b*, *fig.* 4.

On conçoit qu'une pareille chaudiere ne peut être chauffée que par son fond, & que les côtés ne sont qu'une muraille de briques, bâtie en mortier de chaux & de ciment ; il faut néanmoins que cette bâtisse, & le chaudron de métal qui y est attaché, soient très-bien travaillés, pour que la lessive & l'huile qu'on met dedans ne puissent s'écouler : cette partie de chaudiere, faite en ciment, a 4 ou 5 pieds, & même plus, de hauteur ; quelques-uns la font plus étroite à son embouchure que vers le milieu de sa hauteur : on éleve ainsi en brique, & à chaux & ciment la partie de la chaudiere, comprise depuis le bord plat du chauderon, jusqu'à un pied au-dessous du bord supérieur de la chaudiere ; à cet endroit, & par-dessus la bâtisse de brique, on forme avec des pierres de taille blanches & dures, qu'on nomme en Provence *cairon*, les bords de la chaudiere ou campane *hh*, *fig.* 5 & 6. Quand elle est ainsi bâtie, on y applique un crépi ou chemise de ciment, d'environ un quart de pouce d'épaisseur, qu'on fouette avec force dans les joints; on en met à différentes reprises trois couches l'une sur l'autre coupant chaque couche avec le tranchant de la truelle : à l'égard de la derniere, on la cire pendant long-tems, c'est-à-dire, qu'on la polit avec le dos de la truelle; la plûpart font ces crépis avec un mortier de ciment bien sec & passé au tamis de crin, & de bonne chaux éteinte à l'ordinaire dans l'eau.

D'autres mêlent le ciment fin avec de la chaux fusée à l'air, qu'ils gâchent avec de l'huile claire, qu'on boule long-tems à force de bras, & ce mortier sert à faire la derniere couche du crépi, à laquelle on donne un quart ou un demi-pouce d'épaisseur. On estime la chaux la plus vieille & le ciment le plus nouvellement pilé, parce que ce mastic est moins sujet à se fendre.

Les chaudieres sont posées sur une même ligne ; à trois pieds de leur bord, il y a une plate-forme *p p*, *h h*, *Pl.* II, *fig.* 5, qui se prolonge entre les chaudieres. A certaines Fabriques cette plate-forme est soutenue par une voûte, sur laquelle on monte pour servir les chaudieres ; à d'autres cette plate-forme est échancrée en *m*, *fig.* 5, pour faciliter le service des chaudieres.

On voit aux figures 2 & 3 un tuyau *i* de 2 pouces & demi de diametre, servant à faire écouler les lessives épuisées de sel qui restent sous le Savon cuit : ce tuyau se nomme *l'épine* ; on l'ouvre ou on le ferme en poussant ou retirant un barreau de fer un peu courbe *C*, *Pl.* I, qu'on nomme *matras* : l'endroit où entre le matras est fortifié par un cercle de fer.

La bouche du fourneau est précédée par une arcade *K K*, *fig.* 5 : au fond de cette voûte, & un peu en avant de la bouche, sont des especes de chenets *b*, *fig.* 2, 3 & 5. Nous parlerons dans la suite de leur usage ; le tout est dans une espece de cave ou soûterrein, qu'on nomme *la grande voûte*, *O*, *fig.* 2 & 3. On voit en *m*, *fig.* 5, au-devant de la chaudiere, un endroit où la mâçonnerie est moins épaisse qu'ailleurs ; cette partie se nomme *le parapet* : elle sert à pouvoir approcher de la chaudiere quand on est sur la plate-forme *n n*.

Quelquefois on établit les cîternes ou piles à l'huile *P p*, *fig.* 3 & 4, entre les chaudieres ; alors les ouvertures, par lesquelles on tire l'huile, sont en *QQ*, *fig.* 4, 5 & 6 ; d'autres fois on les place ailleurs, comme on le verra aux plans généraux.

Après avoir parlé en détail des bugadieres, des récibidous, des chaudieres ou campanes, & de leur établissement sur le fourneau, il faut donner une idée d'une grande Fabrique de Savon.

VII. *Description d'une grande Fabrique de Savon.*

A A A A, est un mur d'enceinte qui renferme toute la Fabrique : 1, la porte ; 2, la cour, 3, deux corps de bâtiments, formant des magasins, pour mettre la barille, la bourde & les cendres : dans plusieurs Fabriques, c'est dans ces bâtiments qu'on les brise avec des masses, & pour cette raison on les nomme *picadou* : dans d'autres cette opération se fait dans la Fabrique même. Le picadou doit être au rez-de-chaussée, dans un lieu peu aéré & reculé ; on y établit une longue pierre dure & épaisse, qu'on appelle *moresque*, parce qu'elle est noire, dure, & point fragile ; c'est sur cette pierre qu'un Ouvrier robuste réduit à la grosseur de sable les matieres salines qui servent à faire la lessive.

Cet Ouvrier, qu'on nomme *Piqueur*, brise d'abord ces substances avec une grosse masse de fer pesante *G I*, qui est représentée sur la Planche premiere, *fig.* 4 ; puis il emploie, pour les rendre à la grosseur d'un grain de sable, une masse platte *H*.

Tous

Tous les autres établissements de la Fabrique sont renfermés par une seconde enceinte de murs *B, B, B, B, Pl.* III : en 4, est la porte pour y entrer ; en 5, 5, sont des portes pour communiquer des magasins ou picadous à la Fabrique ; 6, 6, désigne les endroits où l'on fait le mélange des substances salines avec la chaux avant de les mettre dans les cuviers ou bugadieres ; 7, 7, &c. dix-huit bugadieres construites, comme nous l'avons dit, de bonnes briques posées de champ avec du mortier de chaux & de ciment. Aux endroits marqués 8, sont des trous qui répondent dans les récibidous, & par lesquels on retire la lessive : on les verra disposés un peu différemment sur d'autres Planches. Il faut nécessairement un puits 19, auprès des bugadieres, pour leur fournir jour & nuit de l'eau au moyen d'une goutiere, dont nous avons représenté un bout *Pl.* II, *fig.* 1. Il y en a qui prétendent que certaines eaux sont plus propres que d'autres à faire de bon Savon ; & ceux qui ne réussissent pas, s'en prennent à la qualité de l'eau ; c'est assez souvent une ressource pour couvrir leur négligence ou leur ignorance. Je soupçonne que si l'on employoit de l'eau de chaux foible, au lieu d'eau simple, on retireroit plus de lessive ; mais c'est une chose à éprouver. 9, sont quatre marches pour monter aux chaudieres, aux mises & aux piles. 10, six chaudieres ; ordinairement pour le Savon blanc il n'y en a que deux : il y en a, comme nous l'avons dit, qui ont 8 pieds & demi de diametre, & une pareille profondeur. 11, indique la position de plusieurs piliers de pierre de taille, qui servent à supporter les poutres de l'étage supérieur & toute la charpente. 12, 12, deux grilles de fer pour donner du jour à la voûte des fourneaux qui sont sous terre. 13, vingt mises, chacune de 7 pieds & demi de long, 5 pieds de large, un pied 4 pouces de hauteur ; c'est dans ces mises qu'on met la pâte de Savon au sortir de la chaudiere pour qu'elle se refroidisse. 14, quatre ouvertures des piles ou citernes à huile ; c'est par ces ouvertures qu'on tire l'huile : elles ont 2 pieds de longueur, sur 18 pouces de largeur. Ces piles à l'huile ont 14 pieds de long, 6 pieds de large, & 11 pieds de profondeur. Dans beaucoup de Fabriques les piles à huile sont entre les chaudieres, comme nous l'avons représenté *Pl.* II. 15, degrés pour descendre sous la grande voûte des fourneaux : il y a sous cette grande voûte six bouches de fourneaux de 2 pieds 3 pouces de largeur, & de 4 pieds 9 pouces de hauteur ; elles aboutissent aux fourneaux, qui ont 3 pieds 6 pouces de diametre, & 5 pieds de hauteur, ayant une grille dans le milieu. La partie cintrée qui forme l'entrée des fourneaux doit être en pierre de taille.

Nous avons dit qu'à chaque chaudiere il y avoit un tuyau 20, nommé *l'épine*, pour laisser écouler les lessives épuisées de sels : ce tuyau a environ 2 pouces de diametre. 21, auges de pierre pour recevoir le Savon qui s'écoule avec la mauvaise lessive. 22, canal par lequel s'écoulent les lessives des auges 21 dans l'auge 23. 24 & 25, aqueduc par lequel ces mauvaises lessives se rendent à la mer : il a 2 pieds de largeur, & 4 pieds & demi de hauteur. La pâte du Savon qui pourroit s'être écoulée avec la lessive, passe dans le réservoir où elle se fige; lorsqu'elle est refroidie à la superficie, on l'emporte; puis on ouvre le réservoir pour que la mauvaise lessive s'écoule dehors par l'aqueduc 24 & 25. Comme tous ces objets sont sous terre, on s'est contenté de les indiquer par des points. On voit en *Z*, *Pl.* I, une jarre ou millerolle, grand vase de terre vernissé, dans lequel on met l'huile qui n'est pas dans les piles.

Au-dessus de cette Fabrique, il y a un étage & plusieurs chambres; une est destinée à loger le Commis de la Manufacture; dans une autre, loge le principal Ouvrier, qu'on nomme *le Maître-valet*. Les autres pieces qui sont plus grandes, & doivent être fort aérées, se nomment *cyzagans* : elles servent à déposer les pains de Savon pour les dessécher & les mettre en caisse.

Après avoir détaillé quelles sont les différentes matieres qu'on emploie pour faire le Savon; après avoir rapporté les différents endroits d'où on les tire; fait connoître ce qui indique qu'elles sont de bonne ou mauvaise qualité; décrit les ustensiles dont on fait usage dans les Savonneries; donné la description d'une grande Fabrique, il convient d'expliquer avec ordre la façon de faire le Savon; & comme les matieres qu'on emploie pour faire de bon Savon, sont l'huile claire, qu'on appelle *lampante*, & une lessive qu'on retire de différentes substances salines, & qu'on rend âcre en y mêlant de la chaux vive, je vais commencer par expliquer comment on fait la lessive : je parlerai ensuite de sa cuisson avec l'huile

VIII. *Maniere de faire la Lessive.*

NOUS prenons pour exemple la façon de faire la lessive pour une cuite, dans laquelle il entre quarante barils d'huile, (chacun est évalué peser 75 livres), qui doit, en été, produire 50 quintaux de Savon.

Je spécifie en été, parce qu'en hiver on emploie plus de cendre & moins de barrille; mais toujours une égale quantité de chaux vive : & dans l'une & dans l'autre saison, le poids total des matieres doit être à peu-près le même.

Il y a des Fabriquants qui ayant pilé séparément la soude ou barille, la bourde & la roquette des cendres, les lessivent séparément & les conservent à part, pour employer les unes ou les autres suivant les Savons qu'ils veulent faire, & l'espece d'huile dont ils se servent. Je remarquerai à cette occasion qu'il est utile dans une grande Fabrique d'avoir des lessives en réserve; mais pour cela il faut les conserver dans des citernes qui ferment exactement : car, comme nous l'avons dit plus haut, quand elles s'évaporent, il se précipite de la terre, & elles perdent de leur force. Je ne parle point ici de la façon de tirer les lessives dans les petites Fabriques, où l'on se sert d'un cuvier posé sur des treteaux, & sous lequel on met un baquet pour recevoir la lessive : il est plus à propos de détailler les opérations des grandes & belles

Fabriques. Pour donc faire une bonne lessive, & ce qu'il en faut pour cuire cinquante quintaux de Savon, il faut environ trois cents livres de chaux en pierre, ou, à son défaut, en fleurs, c'est-à-dire, qui ait fusé à l'air, quoique cette chaux ne soit pas aussi active que celle qui sort du four.

On étend la chaux en pierre sur le plancher de la Fabrique, dans un encaissement de planche ou de brique, qui a environ une toise & demie en quarré, & un pied de profondeur; on la remue avec une pelle de fer, & on l'arrose de temps en temps avec un peu d'eau, ce qu'il en faut seulement pour qu'elle fuse & se réduise en poussiere; car ensuite on la passe dans un crible fin; ainsi elle ne doit pas former une pâte.

On répand sur cette couche de chaux environ douze quintaux de bonnes cendres de Tripoli de Syrie, ou d'ailleurs. Nous avons dit les lieux d'où on les tire, & nous avons expliqué quelle doit être leur qualité. On étend ensuite par-dessus 600 livres ou environ de bonne barille ou soude d'Alicante : on en tire de bonne de Carthagène. Ces trois matieres ainsi étendues l'une sur l'autre, un Serviteur verse encore par-dessus quelques casseroles d'eau claire, pour empêcher que ces poudres ne se dissipent. Ensuite avec une pelle de fer on remue le tout ensemble, en sorte que les trois matieres soient bien mêlées. Quand le Maître-Fabriquant le juge à propos, on apporte des couffins d'auffe ou des paniers, qu'on emplit de ces substances alkalines, & on jette ce mélange dans une des bugadieres, au fond de laquelle on met quelques tuileaux pour faciliter l'écoulement de la lessive. On arrange avec soin dans la bugadiere les matieres alkalines, & on met dessus ce qu'on nomme un *sarion*, qui est une natte qui a servi d'enveloppe à la barille. Tout étant ainsi disposé, on verse de l'eau dans la bugadiere pour dissoudre les sels âcres & former une lessive qui s'écoule dans le récibidou par un des robinets qui est en-bas.

On tire de chaque bugadiere, comme nous l'avons déja dit, trois sortes de lessive, qu'on distingue par *premiere*, *seconde* & *troisieme*.

Il faut se souvenir que chaque bugadiere a, au-dessous d'elle, deux récibidous, autrement dit, deux piles; & chacun des robinets qui sont au bas de la bugadiere, répond à un de ces récibidous. Comme on n'ouvre à la fois qu'un robinet, celui qu'on ouvre le premier répand la premiere lessive, qui est la plus forte: elle s'amasse dans le récibidou auquel le robinet répond. Cette premiere lessive est celle qui produit le plus grand effet, étant, à cause de sa grande âcreté, très-propre à épaissir l'huile; c'est pourquoi le Maître la regarde comme une liqueur aussi précieuse que du Savon, & il la conserve avec soin. Quand la lessive est trop affoiblie pour être reçue comme premiere, on ferme le robinet par lequel elle s'écouloit, & on ouvre l'autre robinet par où coule la seconde lessive qui vient de la même bugadiere, & se rend dans un autre récibidou attenant le premier. Quoique cette lessive ne soit pas aussi active que la premiere, elle sert au besoin à abreuver la cuite de Savon, comme nous le dirons. La troisieme & derniere lessive découle aussi de cette bugadiere dans le même récibidou où l'on a reçu la seconde ; mais c'est après qu'on en a retiré cette seconde, pour recevoir la troisieme ; de sorte que quand le Maître-Fabriquant juge que la premiere lessive a assez perdu de sa force, il fait fermer le robinet ou dégorgeoir qui répond au premier récibidou destiné à recevoir la premiere lessive, & il fait ouvrir le robinet qui répond à l'autre récibidou qui est destiné à recevoir la seconde lessive.

Quand la seconde lessive est ainsi écoulée, il ferme le dégorgeoir qui répond au second récibidou, & il attend que cette seconde lessive soit consommée pour, par le même dégorgeoir, & de la même bugadiere, tirer la troisieme lessive dans le même récibidou où étoit la seconde.

On conçoit qu'il est important de savoir distinguer la force des lessives, pour faire fermer à propos les dégorgeoirs. Comme les bugadieres contiennent toujours une même quantité de substances salines, il y a aux récibidous des marques qui indiquent à peu-près quand on a tiré une quantité convenable de chaque lessive ; mais les matieres n'étant pas toujours de la même qualité, un Fabriquant expérimenté juge de la bonté, force & vertu de la premiere, seconde & troisieme lessive par la couleur : celle de la premiere est à peu-près semblable à celle d'un vin d'Espagne foncé en couleur ; la couleur de la seconde est moins jaune, & la troisieme n'en a presque pas. On connoît encore leur force en en mettant sur la langue : mais la premiere lessive étant très-forte, elle fait enfler & peler la langue ; c'est pourquoi le Maître-Fabriquant se sert d'un œuf de poule frais, pour juger de la force de cette lessive : il attache l'œuf à un fil, & le jette sur la lessive ; s'il flotte dessus, elle a une force convenable ; s'il entre dans la lessive plus que de la moitié de son volume, il ferme le robinet de la premiere lessive, & ouvre celui de la seconde ; quand il entre presqu'entiérement dans la lessive, on ne peut obtenir que de la troisieme lessive, dont on reconnoît la force en en mettant sur la langue ; car la seconde lessive doit avoir une saveur piquante ; quand cette saveur est très-foible, on ferme le dégorgeoir qui répond au second récibidou, & on ne l'ouvre pour laisser couler la troisieme lessive, que quand on a vuidé toute la seconde lessive qui est dans le second récibidou. Le Fabriquant fait tirer de cette troisieme lessive, qui est très-foible, tant qu'il juge en avoir besoin pour achever sa cuite ; s'il en avoit trop, il en verseroit sur les bugadieres remplies de nouvelles matieres : elle vaudroit mieux que de l'eau pure.

Après que ces lessives ont été extraites, un Domestique prend des sabots & entre dans la bugadiere avec une bêche ou une pelle de fer, pour en tirer la matiere épuisée de sels, ou, en quelque façon, édulcorée, qu'il jette à la rue, d'où on la fait porter ensuite par des bestiaux aux lieux destinés à recevoir les immondices qui sont absolument inutiles ; car quoique les terres ayent été lavées, elles conservent une telle âcreté qu'on ne peut les employer pour

engrais

engrais ni dans les vignes ni ſur les prés (*) : elle brûle tout ce qu'elle touche par la grande âcreté qu'elle conſerve, à ce qu'on prétend, durant des ſiecles entiers.

Cette âcreté des vieilles cendres me fait penſer que ſi on les conſervoit long-temps ſous un hangard, comme les Salpêtriers font leurs plâtras, & qu'enſuite on les fît calciner, comme nous avons dit qu'on fait la potaſſe, on pourroit, après les avoir pilées & mêlées avec un peu de chaux nouvelle, en retirer une aſſez bonne leſſive : il reſte à ſavoir ſi elle indemniſeroit des frais de la calcination. Il y a des Fabriquants qui repaſſent ſur les bugadieres épuiſées de ſels, les leſſives *graſſes* : c'eſt ainſi qu'ils nomment celles qui s'écoulent du Savon qu'on a mis aux miſes. Il y a quelque apparence qu'on rendroit la troiſieme leſſive meilleure, ſi, au lieu d'eau ſimple, on y verſoit de l'eau de chaux ou de la leſſive uſée qu'on laiſſe écouler par l'épine. Des Fabriquants intelligents devroient faire ſur cela des épreuves ; car nous ne donnons pas ces idées comme des choſes certaines.

Il eſt bon de ſe reſſouvenir qu'en hiver, il entre dans la compoſition de la leſſive la même quantité de chaux qu'en été ; mais on y met cinq à ſix quintaux de cendre de moins, qu'on ſupplée par cinq à ſix quintaux de barille qu'on y emploie de plus que ce que nous avons marqué. Ce n'eſt pas qu'on ne pût employer les mêmes doſes de matiere toute l'année ; mais comme la cendre eſt plus chere que la barille, & que cette derniere matiere produit une auſſi bonne leſſive, tant en hiver qu'en été, avec cette différence que le Savon eſt plutôt ſec l'hiver que l'été, les Fabriquants font ordinairement la petite épargne de ſubſtituer l'hiver de la barille à la cendre. Ils feroient néanmoins du Savon plus blanc & de meilleure qualité, ſi en toutes ſaiſons ils employoient de bonnes cendres, & ne faiſoient entrer dans leur leſſive que peu de barille. Il y a, il eſt vrai, des barilles de ſi bonne qualité, qu'elles operent le même effet que la cendre ; mais elles ſont ſi rares & ſi difficiles à connoître, qu'on ne doit pas eſpérer de s'en procurer.

IX. *De la Cuite du Savon.*

On ſait, après ce que nous avons dit plus haut, que les ſels alkalis rendus âcres par la chaux, ont la propriété de s'unir avec les huiles & les corps gras au point de faire une maſſe aſſez ſolide, qu'on nomme *Savon*. L'affinité entre les ſels alkalis âcres & les corps gras eſt ſi grande, que les ſels alkalis abandonnent une grande partie de l'eau qui les tenoit en diſſolution pour s'unir aux corps gras, & que cette combinaiſon peut ſe faire à froid ; nous le prouverons dans la ſuite : mais l'union ſe fait plus aiſément par la cuiſſon ; c'eſt auſſi le moyen qu'on emploie dans les Fabriques, comme nous allons l'expliquer.

Quand un Fabriquant eſt équipé de tous les uſtenſiles dont nous venons de

(*) On verra, lorſque nous parlerons du Savon en pâte qu'on fabrique en Flandres, le grand uſage qu'on y fait de ces ſubſtances pour fertiliſer les terres ; ainſi c'eſt à tort qu'on les rejette en Provence comme inutiles.

donner le détail, particuliérement de chaudieres de grandeur proportionnée au travail qu'il se propose de faire, & qu'il est approvisionné d'huile & de bonne lessive, il est en état de faire une cuite. Pour donner une idée de cette opération, je vais rapporter sommairement ce qu'on fait dans les petites Fabriques, mais il ne faut regarder ce que nous en dirons que comme un préliminaire ; car nous comptons exposer en détail ce qu'on fait dans les grandes Savonneries de Marseille. Nous nous proposons de parler d'abord du Savon blanc, qui exige plus d'attention que le marbré, & pour lequel les Fabriquants choisissent ce qu'ils ont de plus parfait ; & quand ils rencontrent des matieres défectueuses, ils les réservent pour faire le Savon marbré.

X. *Exposé sommaire de la façon de cuire le Savon dans une petite Fabrique.*

Sur deux cents livres d'huile on met quatre ou cinq seaux de la plus foible lessive, comme de celle qui ne pourroit soutenir un œuf entiérement submergé, afin, disent les Fabriquants, de nourrir l'huile peu à peu, & de ne la pas surprendre. Je crois qu'il est très-bien, quand on a des huiles très-coulantes, de les cuire d'abord un temps assez considérable avec de la lessive très-foible, presque avec de l'eau pure, simplement pour les mettre dans l'état des huiles grasses, qui, comme nous l'avons dit, sont les plus disposées à s'unir avec les sels. Il y a à craindre quand on emploie d'abord de la lessive forte, de grener l'huile, & il faut de l'habileté & du travail pour les réduire en pâte uniforme ; cependant il y a des Fabriquants qui commencent par employer de la lessive forte ; peut-être que la différente qualité des huiles exige ces différences dans leur cuisson.

On fait bouillir ce mélange, & comme les matieres s'élevent quand elles commencent à s'échauffer, il est bon que la chaudiere ne soit pleine qu'aux deux tiers : à mesure que le sel s'unit à l'huile il s'échappe beaucoup d'humidité de la lessive, ce qui forme une fumée épaisse ; & pour réparer ce qui se dissipe par cette évaporation, on jette de temps en temps dans la chaudiere quelques seaux de lessive : au bout de quelques heures d'ébullition la matiere se lie ; elle devient blanche & forme comme une bouillie très-liquide : on soutient l'ébullition pendant 8 heures, ajoutant de temps en temps de la lessive foible ; ensuite, durant 4 ou 5 heures, on met de la lessive plus forte, que nous avons appellée *la seconde*, dans laquelle l'œuf n'entre qu'aux deux tiers de son volume : le Savon se lie & prend la consistance d'une bouillie épaisse ; alors on jette promptement deux ou trois seaux de la plus forte lessive ; en entretenant le feu à la même force, le Savon se fait, & il faut de temps en temps éprouver s'il est suffisamment cuit. Pour cela on trempe dans le Savon une spatule ; on fait tomber un peu de Savon sur un carreau de verre : si la matiere ne se coagule pas promptement, & qu'elle reste comme du caillé, si le Savon ne se détache pas net de la spatule, il faut verser dessus quelques seaux de forte lessive ; ce qu'on répete jusqu'à ce que le

Savon qu'on met sur le verre fasse corps & s'en détache net. On reconnoît à cette marque que le Savon est fait & rassasié de lessive : on cesse le feu, la lessive se sépare du Savon, qui nage dessus quand on la laisse un peu refroidir. On tire le Savon avec une cuillier de fer percée, & on le porte aux mises, ainsi que nous l'expliquerons dans la suite.

Comme on ne suit pas par-tout la même méthode, je vais encore décrire ce qui se pratique dans d'autres petites Fabriques, ce détail ne pouvant qu'être utile à ceux qui voudroient faire du Savon.

XI. *Autre façon de cuire le Savon blanc.*

POUR faire une cuvée de Savon blanc, on prend environ une trentaine de cornudes de la seconde lessive, des cendres du Levant, & environ trente millerolles d'huile d'olive : on fait bouillir le tout ensemble jusqu'à ce que la matiere soit liée & réduite en pâte, ce qui se fait ordinairement en 24 heures, lorsque les matieres sont de bonne qualité ; car quand elles ne le sont pas, il faut plus de temps, & on y ajoute plus ou moins de nouvelles lessives de cendres du Levant, suivant que le Maître-valet le juge convenable ; car il n'y a point sur cela de regles certaines : seulement quand on trouve la matiere trop épaisse, on y met de la lessive foible ; & quand elle est trop liquide, on en emploie de forte. On fait bouillir le tout pendant huit ou neuf jours sans discontinuer, excepté les Fêtes & les Dimanches, qu'on laisse amortir le feu de lui-même, pour le rallumer le lendemain matin.

On connoît à l'odeur de la fumée quand le Savon est cuit ; car quand elle exhale une odeur de Savon, on le juge cuit ; alors on discontinue le feu, & on laisse reposer la matiere dans la chaudiere pendant 24 heures ; ensuite on la tire avec des poëlons qu'on vuide dans des cornudes, pour la porter dans des mises moins profondes & moins larges que celles pour le Savon marbré ; car les grands pains de Savon blanc n'ont que 3 ou 4 pouces d'épaisseur ; & l'on observe de mettre au fond des mises un peu de farine de chaux pour empêcher que le Savon ne s'y attache. Quand il a resté dans les mises 5 à 6 jours l'été, ou deux jours l'hiver, on le coupe en pain.

Comme il doit être avantageux de faire connoître les différentes pratiques qui s'observent dans les différentes Fabriques, je dirai encore, avant de parler des grandes Fabriques de Marseille, une maniere d'avoir un Savon très-ferme. Lorsque la lessive monte avec la pâte, on diminue le feu, & on laisse refroidir la matiere ; ensuite on tire la pâte qui est dessus, on la met dans une autre chaudiere, & on la cuit à grand feu avec de la lessive forte, jusqu'à ce que la pâte soit bien ferme ; alors on prend une grande palette comme une espece d'aviron, on la fourre dans la pâte, & on verse le long de cette palette, peu-à-peu, de la seconde lessive, ce qu'on répete trois ou quatre fois ; puis on laisse bouillir la matiere environ deux heures : cette lessive moins forte donne à la pâte une consistance de miel : alors on retire le feu ; & après avoir laissé refroidir le Savon pendant un jour, il est en état d'être porté aux mises, comme nous le dirons dans la suite, plus en détail que nous ne l'avons fait.

XII. *Détail des opérations qui se font dans les grandes Fabriques de Marseille pour cuire le Savon blanc.*

Je puis me dispenser d'entrer dans de grands détails sur la disposition de ces Fabriques, en ayant suffisamment parlé au commencement de ce Mémoire. Ainsi ce que je vais dire sera très-abrégé, & seulement pour rappeller ce qui a été dit plus haut.

L'entrée du fourneau de ces chaudieres, est faite de pierre de taille blanche, qui résiste mieux au feu que la noire, quoique celle-ci soit plus dure; l'embouchure de ces fourneaux *K*, *K*, *Pl.* II, *fig.* 5, est cintrée par le haut pour qu'il résiste mieux à la flamme qui, quelquefois, sort avec force du foyer. Quand ces ouvrages sont bien faits, le fourneau & la bâtisse de la chaudiere durent quelquefois deux à trois années sans avoir besoin de réparation; au lieu que souvent ils n'en durent pas deux sans en exiger de considérables.

A cette entrée, attenant les paremens de pierre de taille qui la forment, il y a deux fourches de fer ou landiers *b*, *b*, *Pl.* II, *fig.* 5, fermement scellées dans le terrain ; ces barres de fer ont environ 2 pouces en quarré, & leur hauteur est de 5 pieds, y compris la partie qui entre dans le terrain : elles sont posées aux deux côtés de la bouche du fourneau, un peu en avant ; on met dans leur enfourchement ou dans les œillets qui sont au haut, une piece de bois ronde de 4 à 5 pieds de long, & de 3 à 4 pouces de diametre : on choisit pour cela un bois dur ; car cette piece fournit un point d'appui au fourgon *A*, que nous avons décrit & représenté *Pl.* I, *fig.* 4. L'usage de ce fourgon est d'arranger dans le fourneau les bûches que le Maître-valet de la Fabrique y jette tant la nuit que le jour, jusqu'à ce que la cuite soit finie, & à remuer la braise pour rendre le feu plus actif lorsqu'il le juge nécessaire.

La cuite du Savon n'est pas une opération aussi simple qu'on pourroit se l'imaginer ; il arrive aux Fabriquants les plus expérimentés d'y être embarrassés. Quelquefois ils parviennent à rétablir une cuite qui commence mal ; mais d'autres fois ils n'y peuvent réussir, & alors ils sont obligés d'éteindre le feu, &, après que la cuve est refroidie, de transporter l'huile dans une autre chaudiere pour recommencer leur opération.

Pour faire une cuite de cinquante quintaux de Savon blanc, il faut, en été, quarante barils & demi d'huile, au lieu qu'en hiver quarante barils suffisent. Cette plus grande quantité d'huile qui entre en été dans une cuite qui produit cinquante quintaux de Savon, vient de ce qu'il faut en hiver plus de lessive pour

achever

achever une cuite de Savon, que les huiles sont plus épaisses lorsqu'il fait froid que par les chaleurs, & qu'en cet état elle prend plus de lessive que lorsqu'il fait chaud.

D'autres expliquent le fait plus simplement; ils prétendent que l'huile étant condensée l'hiver, occupe moins de place qu'en été: de sorte que quarante barils d'huile condensée par le froid, feroient quarante barils & demi si elle étoit raréfiée par la chaleur. Effectivement on a remarqué qu'une jarre de huit à dix barils qu'on a remplie d'huile en hiver, à laquelle on aura laissé un vuide de 4 pouces, sera pleine à renverser par-dessus l'été. Mais pour que ce raisonnement fût vrai, il faudroit mesurer l'huile, & non pas la peser; c'est pourquoi il est probable que la premiere raison peut prévaloir.

Pendant que la *lessive* des bugadieres s'écoule, le Maître-Fabriquant fait mettre dans une chaudiere quarante barils d'huile qu'on a déposée dans une pile *P*, *Pl. II*, *fig.* 3 & 4, qui est entre les deux chaudieres. Quand même cette huile seroit claire & lampante, pour purger encore les quarante barils d'huile qu'il a mis dans la chaudiere, il fait dessous un petit feu & la fait bouillir à sec ou sans lessive, si elle y a été mise claire & lampante; mais si elle étoit trouble, il faudroit verser sur cette huile deux barils de lessive, & faire dessous un feu plus actif. Si elle étoit encore plus épaisse, ce qu'on appelle en Provence *huile grossan*, qui est si épaisse & crasseuse, qu'à peine peut-elle sortir du baril, il faudroit faire encore un plus grand feu, la faire bouillir plus long-temps & à gros bouillons avec la lessive qu'on y a ajoutée, qui, par son acrimonie, se précipite au fond de la chaudiere, & l'huile se trouve alors claire & lampante, flottant sur la lie; ce qui fait qu'un Garçon de la Fabrique, avec une longue casse ou une espece de petit chauderon, puise l'huile claire, & la remet dans la même pile dont on l'avoit tirée pour la purifier. Quand elle est toute puisée, il emporte la crasse, autant qu'il le peut, avec la même casse longue qui lui a servi à transvaser l'huile; après quoi, avec une échelle, il descend dans la chaudiere qu'il nettoie & purge de toutes les immondices; & ayant relevé cette échelle, il fait couler dans la chaudiere moitié des quarante barils d'huile par le tuyau qui est au bas de la pile; de sorte que quand il juge qu'il y a assez d'huile, il fait rallumer le feu dans le fourneau, & servir la cuite de huit chauderons de lessive forte, si mieux il n'aime la servir moitié par moitié, c'est-à-dire, quatre chauderons de la premiere & forte lessive, & quatre chauderons de la seconde, ce que l'on fait suivant que le Maître juge que les lessives sont fortes ou foibles. Mais on ne se sert jamais que des deux premieres lessives. L'huile cependant bouillonne avec le peu de lessive qu'on y a versé, & le Maître-Fabriquant est attentif auprès de sa cuite pour observer exactement les mouvements; car c'est sur les remarques qu'il fait au commencement de la cuite, qu'il décide de ce qu'il conviendra faire dans la suite. Cependant il fait verser le reste des quarante barils d'huile dans la chaudiere.

Il semble singulier que toutes les cuites de Savon qui sont conduites par un même Fabriquant, ne le soient pas uniformément ; à plus forte raison different-elles chez différents Fabriquants ; mais outre que souvent elles different dans des points importants, mille circonstances obligent de varier les pratiques.

A mesure que la cuite s'avance & qu'elle se met en pâte, elle jette des bouillies ou des ondes de pâte, en sorte qu'à force d'en jetter elles couvrent l'huile : c'est une marque qu'elle a soif, c'est-à-dire, que les huit chauderons de lessive dont on l'a servie, sont consommés. On juge encore qu'il faut lui donner de la lessive, quand il sort de la fumée épaisse au travers du bouillonnement de la bouillie, ou que la pâte qui est sur l'huile reste affaissée & presque sans mouvement ; alors le Maître-valet la sert de quatre chauderons de la même lessive forte dont il l'a servie d'abord ; mais il faut qu'il la répande en arrosant la superficie de la pâte ; car s'il la versoit en un seul endroit, &, comme on dit, en pointe, la lessive froide se précipitant au fond de la chaudiere, s'y raréfieroit & fourniroit des vapeurs qui feroient répandre la pâte par-dessus les bords ; au lieu qu'en la répandant comme par aspersion, elle s'échauffe & se raréfie avant d'être au fond, sans produire aucun dommage.

Ces quatre chauderons de lessive forte étant successivement jettés dans la chaudiere, le Maître-Fabriquant est de nouveau attentif aux mouvements de sa cuite ; & lorsqu'elle commence à indiquer par les mêmes signes que nous avons rapportés, qu'elle a soif, il la fait abreuver de quatre chauderons de la même lessive forte : il continue de fournir peu-à-peu de cette lessive, jusqu'à ce que toute l'huile soit réduite en pâte.

On connoît à la forme & à la grosseur des bouillons quand la cuite est toute empâtée. De plus, on remarque qu'il ne se montre plus d'huile en aucun endroit ; & pour cela il faut employer toute une journée & la moitié de la nuit, quand les matieres dont on a fait la lessive, sont bonnes ; mais quand elles sont défectueuses, & que les lessives sont foibles, on est un jour & une nuit sans pouvoir empâter. Il faut fournir beaucoup plus de lessive, & la chaudiere bout en huile quelquefois vingt-quatre heures : elle s'empâte à la fin ; mais c'est après y avoir passé bien du tems, & consommé beaucoup de bois & de lessive.

Pour connoître si la pâte est bonne, bien liée & à sa perfection, le Maître-Fabriquant prend une espece de spatule d'un pouce & demi de largeur, de trois pieds ou environ de longueur, épaisse à proportion, qu'il enfonce dans la pâte : il la releve & la laisse refroidir ; puis il examine si sa pâte est bien liée, blanche & sans défauts, & s'il ne reste pas d'huile qui ne soit pas liée. Il ordonne alors qu'on force le feu pour la tenir en bouillon pendant toute une journée.

L'huile étant réduite en pâte, comme nous venons de le dire, le Savon n'est pas encore fait. Lorsque le Maître-Fabriquant connoît au bouillon serré de la cuite que la lessive forte qu'il lui a fournie s'est consommée, il lui fait donner encore dix autres chauderons de lessive, & toujours de la forte : la pâte qui étoit épaisse devient molle, ce qu'on appelle *vane*; pour lors un Valet de la Fabrique va ranimer le feu dans le fourneau, pendant qu'un autre fournit à la chaudiere de la lessive forte, lui en donnant d'heure en heure la quantité de dix chauderons; il consomme ainsi toute la lessive forte qui se trouve au récibidou, n'en réservant que huit chauderons qui lui sont nécessaires pour la liquidation de la cuite, ainsi que nous l'expliquerons.

Les uns prétendent que le Savon en est plus beau, & qu'on trouve mieux son compte en commençant par faire prendre à l'huile toute la lessive forte. Les sentiments des Fabriquants sont néanmoins partagés sur ce point: chacun suit une pratique qu'il a adoptée. Tous conviennent qu'on peut faire de bon Savon en suivant telle ou telle méthode; mais chacun prétend que la sienne est préférable.

Quand la cuite a consommé toute la lessive du premier récibidou, qui est la forte, ce qui dure un jour & demi ou deux jours, suivant la qualité des matieres qui ont servi à faire la lessive; alors elle *flaque*, en terme de Fabrique, c'est-à-dire, qu'elle s'affaisse, qu'elle s'assoupit & reste comme immobile dans la chaudiere, ce qui fait connoître qu'elle prend sa nourriture; & quoiqu'immobile, elle bout de cette sorte trois ou quatre heures.

Quand une cuite est foible à son flaquier, elle jette par fois de gros crachats de trois à quatre onces de pâte aux parois de la chaudiere; alors on modere un peu le feu. Quand la cuite ne marque point de foiblesse, elle est bien ouverte & nette au bouillir.

Quelquefois une cuite de Savon ouverte ne peut bouillir; alors le Maître fait jetter cinq à six chauderons de lessive recuite: on appelle ainsi la lessive qu'on tire de la chaudiere, après qu'on en a levé le Savon pour le mettre aux mises. On en conserve dans des jarres ou piles pour s'en servir au besoin; mais, comme on voit, elle n'est pas toujours nécessaire.

Quand la cuite, avec ce petit feu, a bien bouilli l'espace de deux à trois heures, & que le Maître s'apperçoit qu'elle se resserre, il la fait servir de quinze chauderons de *la seconde lessive*: c'est ce qu'on appelle l'*humecter*. Alors elle se met en fonte, & se convertit en pâte rousse, si elle fait son devoir; mais cette rousseur change demi-heure après, & devient blanche: par-là on connoît que le Savon n'a pas sa nourriture; on continue de redoubler le feu du fourneau pour lui faire consommer la lessive, & lui en faire prendre la substance; & quand le Maître juge que l'humidité qu'elle avoit s'est dissipée, ce qu'il connoît parfaitement bien, en prenant un peu de cette pâte dans le creux de la main, qu'il contourne souvent avec le bout du pouce pour en examiner l'humidité, la cuite & la beauté; s'il n'y trouve pas les qualités requises, il fait verser dessus trois chauderons de la lessive la plus forte, qu'il s'est réservée pour s'en servir au besoin. Il fait rebouillir trois à quatre heures sa cuite avec un feu raisonnablement fort, puis la fait encore servir de quinze chauderons de la seconde lessive. La pâte commence alors à redevenir rousse ; & comme la cuite est mieux nourrie au moyen de cet abreuvage, il fait redoubler le feu, & la fait bouillir assez fortement pour que la matiere monte jusqu'aux bords de la chaudiere ou campane, & on est obligé de lui donner de l'air en faisant remuer la pâte avec une longue perche qu'un Valet plonge dans la chaudiere. Quand ce gros bouillonnement est passé, la cuite est ordinairement en état d'être liquidée ; mais auparavant on la fait grener, ainsi que nous allons l'expliquer.

Quand la pâte est bien fondue, qu'elle a bouilli une demi-heure, elle devient blanche, ouverte ; en continuant le feu, elle se desseche, & devient comme des grains de sel. Quand le Maître s'apperçoit qu'à cause de la foiblesse des matieres, la continuation du feu ne la fait point grener, on lui fournit trois chauderons de lessive forte, qui ne manque guere de la mettre en cet état. Si, en continuant le feu, on apperçoit que la pâte se fend, qu'elle se crevasse partout, même autour de la campane, le Maître en prend dans sa main pour examiner si elle est bien cuite ; il goûte aussi de la lessive de la chaudiere qui vient sur la pâte ; si elle a peu de saveur, il abreuve sa pâte pour la liquidation, avec de la forte lessive qu'il a conservée. Si, au contraire, elle est forte & piquante, il arrose la pâte avec de l'eau pure.

C'est à la fin de l'opération que le Maître doit redoubler d'attention, pour que, suivant les observations qu'il fait sur un peu de pâte qu'il pêtrit dans ses mains, il décuise sa pâte avec de la lessive plus ou moins forte, il fasse augmenter ou diminuer le feu ; & il répete ces opérations quatre ou cinq fois, jusqu'à ce qu'il voye que toutes les parties de l'huile ayent été liées par le sel, & que l'eau des lessives est suffisamment évaporée. Quand il sort de grosses fumées épaisses, il juge qu'il reste peu d'eau sous la pâte, & il fait fournir de la lessive pour qu'elle ne se prenne pas au fond. Si son intention n'est que de fondre sa pâte pour continuer à la cuire, il emploie de la lessive foible ; car la forte la feroit grener de nouveau. Lorsqu'en employant de la lessive foible, la pâte devient trop molle, il fait augmenter le feu.

Ce sont ces différentes cuites & décuites qu'on donne à la pâte, qui s'appellent la *liquidation* ; le Maître-Fabriquant les conduit suivant les observations qu'il fait sur sa pâte, & il n'est guere possible de les décrire exactement ; on ne peut qu'en donner une idée générale. Enfin quand le Maître trouve que la pâte se sépare convenablement de la lessive, & qu'elle est bien liée, il la laisse reposer dans la chaudiere un jour & demi ou deux jours ; après qu'elle est suffisamment refroidie, on la porte sur les mises, comme nous allons l'expliquer.

Je remarquerai seulement que suivant la façon de conduire la liquidation, on retire plus ou moins de Savon, ce qui augmente ou diminue le profit de l'Entrepreneur. En travaillant nuit & jour, on peut, dans une Fabrique bien conduite, faire avec deux chaudieres, trois cuites de Savon par semaine. Nous avons supposé qu'on faisoit une cuite de quarante barils d'huile ; mais il est sensible

ſenſible qu'on en fait de moindres & auſſi de plus fortes. Les quarante barils, comme nous l'avons dit, doivent fournir cinquante quintaux de Savon, en employant dix-ſept à dix-huit quintaux de matieres pour faire les leſſives, & on conſomme environ ſoixante-dix quintaux de bois.

La qualité de l'huile eſt fort indifférente pour faire de bon Savon ; il ſuffit qu'elle ſoit claire, lampante & bien épurée.

Dans certaines Fabriques on parvient, par différentes fraudes, à augmenter le poids du Savon ; nous allons en dire un mot.

XIII. *Fraudes de quelques Fabriquants.*

Celle qui eſt la plus difficile à appercevoir, eſt, lorſque le Savon eſt cuit & entiérement liquidé dans la chaudiere, de faire boire à la pâte pluſieurs chauderons d'eau claire, qu'on remue bien & qu'on incorpore avec la pâte, en ſorte que cette eau ne paroiſſe pas : elle rend même le Savon plus blanc ; & ce n'eſt qu'à la ſuite du temps qu'on s'apperçoit de la fraude : car un quintal de Savon acheté & peſé à la Fabrique, & repeſé huit jours après, aura perdu vingt ou vingt-cinq pour cent de ſon poids par l'évaporation de cette eau étrangere ; au lieu que s'il n'avoit pas été ainſi humecté, on pourroit le laiſſer des mois entiers au ſec ſans qu'il diminuât de plus de trois ou quatre pour cent : d'où il ſuit que cette fraude ne peut être utile au Fabriquant, que quand il peut vendre promptement ſon Savon.

D'autres augmentent le poids du Savon en mêlant à la pâte de la poudre de chaux bien blanche & paſſée au tamis. Il y en a qui ſubſtituent à la chaux de l'amidon ou de la farine. Ces additions n'occaſionnent aucun déchet ; mais on s'en apperçoit en blanchiſſant le linge. Pour reconnoître cette fraude, on fait fondre dans un petit chauderon ſur le feu, deux ou trois pains de Savon qu'on a coupés par petits morceaux, & on verſe deſſus de la leſſive forte. Quand le Savon eſt refroidi, on le tire du chauderon, & on trouve au fond les ſubſtances étrangeres qu'on a introduites dans la pâte pour en augmenter le poids. De plus, ſi le Savon a été fait loyalement, après l'épreuve dont nous venons de parler, on trouve une augmentation de poids produite par les ſels de la leſſive ; au lieu que ſi on y avoit introduit de l'eau, on trouveroit vingt ou vingt-cinq pour cent de déchet.

Enfin d'autres ſophiſtiquent encore le Savon en y introduiſant du ſel marin. Nous aurons occaſion d'en parler dans la ſuite.

Je vais expliquer ce que c'eſt que les miſes, & comment on y met la pâte de Savon.

XIV. *Des Mises ; & comment on y met la Pâte de Savon.*

QUAND la pâte s'est un peu refroidie dans les chaudieres, & qu'elle s'est séparée de la lessive, on la tire avec des cuilliers de fer percées ; on la met dans des seaux, & on la porte dans de grandes & fortes caisses faites de planches ajustées dans des membrures assujetties par des clefs de bois. Ces caisses sont placées sur de fortes plates-formes, de maniere que la lessive qui s'en écoule puisse être recueillie dans un réservoir. Les Savonniers nomment ces caisses *des Mises* : ils y placent souvent une cuite entiere de Savon, qui peut être de deux milliers. D'autres préferent de mettre leur Savon dans un nombre de petites caisses. Au bout de deux ou trois jours, quand la lessive est écoulée & que le Savon est endurci, on défait les clefs qui retiennent les planches des mises, &, si c'est du Savon blanc, on le coupe par tables de trois ou quatre pouces d'épaisseur avec un fil de laiton, comme on fait le beurre aux marchés : on en fait des tables telles qu'on les voit dans les caisses chez les Epiciers. Avant d'encaisser ces tables, on les pose sur un plancher par la tranche, pour les laisser s'affermir pendant quelques jours. L'hiver est la saison la plus favorable pour travailler le Savon. Cette opération se fait différemment dans les différentes Fabriques, ainsi que nous allons l'expliquer.

La planche du devant des mises étant à coulisse, peut sortir. Ces caisses ont 9 à 10 pieds de longueur, sur 5 à 6 de large, & 13 à 14 pouces de hauteur, si elles sont destinées pour le Savon marbré ; si l'on doit y mettre du Savon blanc, elles ont seulement 6 pouces de profondeur.

Il faut que le fond soit incliné, pour que la lessive que le Savon rend, s'écoule par des trous qui répondent à une gouttiere aboutissant dans un réservoir ; car cette lessive, qui ne laisse pas d'être forte, rentre dans la bugadiere.

Dans les Fabriques de Marseille, on dresse vis-à-vis les bugadieres, si la grandeur de la Fabrique le permet sinon au premier étage, des especes de caisses qu'on nomme *Mises*, 13, *Pl.* III, ou *NO*, *Pl.* IV. On les fait de 3 pieds de largeur, & les plus longues qu'il est possible : elles servent pour y étendre la pâte ou le Savon cuit, quand *il a pris son droit à la chaudiere*, c'est-à-dire, quand il est en état d'y être étendu, & que la cuite étant achevée, il s'y est un peu refroidi. On est quelquefois deux jours sans pouvoir l'étendre dans les mises, sur-tout l'été.

Le Maître-Fabriquant, avant d'étendre le Savon aux mises, y fait un plancher de quelques lignes d'épaisseur avec de la poudre de chaux blanche, qu'on a passée dans un tamis à demi-fin ; on unit cette couche avec une *batte*, qui est un bout de planche au milieu de laquelle il y a un long manche, pour pouvoir la manier commodément. On applanit donc avec cette batte la poudre de chaux au fond des mises, & on étend dessus la pâte de Savon, comme nous allons l'expliquer.

Les Serviteurs de la Fabrique apportent cette pâte dans des chauderons de cuivre *Y*, *Pl.* I, ou des baquets de bois *T*; & à mesure que le Fabriquant a fait couler tout doucement sur les mises deux ou trois chauderonnées de pâte, il les applanit & unit avec une plane de bois *L*, *Pl.* I.

La pâte ou le Savon reste un jour & demi ou deux jours aux mises avant d'être sec & en état d'être levé, lorsqu'il fait froid; & en été il faut trois à quatre jours, parce que la chaleur de l'air ramollit la pâte, & la tient, comme l'on dit, *lâche*; c'est aussi pour cette raison qu'on est plus de temps en été à finir la cuite, & qu'il faut faire plus cuire la pâte qu'en hiver.

On doit observer ici que le Fabriquant, en étendant sa pâte aux mises, peut faire son Savon aussi épais & aussi mince qu'il veut; & pour régler son épaisseur, il tient à la main une jauge de cuivre, qu'il enfonce dans sa pâte jusqu'à toucher les planches du fond de la mise; & suivant que sa couche de Savon est trop mince ou trop épaisse, il y fait ajouter de la pâte, ou il repousse avec la plane celle qui y est de trop; en sorte qu'il est dans une continuelle agitation pour mesurer l'épaisseur & applanir la pâte au moyen de cette jauge, qu'ils nomment *bûche d'airain*. Il fait ainsi des pains de Savon de 18, 30 & 40 livres chacun, qui ne different pas l'un de l'autre d'une demi-livre.

Le Savon étant sec & en état d'être levé des mises, ce que le Maître-Fabriquant connoît en appliquant tout doucement le doigt dessus, & se faisant aider d'un Domestique pour couper les pains égaux, il les marque avec une espece de rateau *N*, qui a des dents de fer, *Pl.* I, *fig.* 4; ces dents sont éloignées les unes des autres d'une distance pareille à l'épaisseur que doivent avoir les pains.

Dans la plupart des Fabriques de Marseille, on pose au milieu de la mise une longue regle de bois *B*, *Pl.* I, *fig.* 4, & avec un petit couteau tranchant on marque un trait sur le Savon dans toute sa longueur & au milieu de la mise: ce trait indique la largeur que les pains de Savon doivent avoir; ensuite avec une regle courte qu'il pose perpendiculairement sur le trait dont nous venons de parler, il marque la longueur des pains; en sorte que dans la largeur de la mise il n'y a jamais que deux largeurs de pains de Savon, & dans la longueur il y aura quelquefois cinquante & cent pains, selon qu'elle est plus ou moins longue; alors le Maître-Fabriquant prend un couteau de fabrique qui est fort mince & tranchant, & qui a un long manche de bois; il s'assied sur le Savon tracé, comme on le voit aux mises *O*, *N*, *Pl.* IV; il enfonce son couteau dans le trait qu'il y a fait, & appuyant le manche du couteau sur son front, si le Savon est épais, & saisissant le manche des deux mains près de la lame, il suit & coupe le Savon d'un bout de la trace à l'autre: il en fait de même en travers; après quoi il tire un petit bout de chevron qui est à l'extrémité de la mise, appellé *fauque*, & avec une truelle de Maçon, ou une pelle de fer *M*, *Pl.* I, il l'enfonce entre le plancher & la fleur de chaux qu'il a étendue sur la mise. Il releve les pains de Savon dans leur entier, & à mesure un Domestique de Fabrique les met en pile l'un ſur l'autre juſqu'à 10 ou 12 pieds de hauteur, ce qui peut contenir trente à quarante pains de Savon, ſuivant qu'ils ſont plus ou moins épais. Il eſt ſenſible que plus la couche de Savon eſt épaiſſe, plus elle reſte de temps aux miſes pour y prendre ſon droit. Or, on doit faire les pains de différentes grandeurs, ſuivant les lieux où on les envoie. Pour la Provence, on n'envoie pour l'ordinaire que des pains de l'épaiſſeur de 5 pouces ou environ, qui peſent plus de cinquante livres chaque. Il y a eu un temps où l'on n'envoyoit à Lyon que des pains de 3 pouces ou environ, qui peſoient depuis trente-trois juſqu'à trente-ſix livres chacun; maintenant on en envoie qui peſent cinquante à cinquante-cinq livres. Ceux qu'on deſtine pour le Languedoc, n'ont que 2 pouces & même moins, & ne peſent que dix-huit, vingt & vingt-cinq juſqu'à trente-cinq livres.

On n'envoie à Bordeaux que de petits pains de Savon coupés, qu'on appelle, *façon de Gayette*: ils ſont d'environ 8 pouces de long, 3 pouces & demi de large, & 2 pouces & demi d'épaiſſeur. Les Savons blancs viennent ordinairement à Paris par tables ou par morceaux preſque quarrés-longs, qu'on appelle *petits pains*. Les tables ont 3 pouces d'épaiſſeur, ſur un pied & demi de long, & 15 pouces de large: elles peſent vingt à vingt-cinq livres. Les Marchands détailleurs les coupent en pluſieurs morceaux longs & étroits, pour en faciliter le débit.

Les petits pains peſent depuis une livre & demie juſqu'à deux livres.

Les tables & les petits pains ſont une même eſpece de Savon ſous différentes formes.

Les Savons en tables s'envoient dans des caiſſes de ſapin du poids de 3 à 400 livres. Les Savons en petits pains viennent par caiſſes, auſſi de bois de ſapin, appellées *tierçons*, & par demi-caiſſes du même bois. Les tierçons peſent environ 300 livres: la demi-caiſſe peſe 180 livres.

Les Savons marbrés ſont en petits pains quarrés-longs d'une livre & demie à 3 livres, & ſe mettent dans des caiſſes comme les Savons blancs.

On parvient à couper aiſément ces pains au moyen de ce qu'on appelle un *modele de fabrique*. Pour s'en former une idée, il faut imaginer une table *P*, *Pl.* IV, ſolidement établie ſur quatre pieds. Elle eſt d'environ 12 pieds de longueur: elle a à ſon extrémité un caiſſon égal à la dimenſion d'un pain de Savon, dans lequel on enferme trois à quatre pains. Ce caiſſon eſt attaché fermement à cette table par des équerres de fer. Ses deux grands côtés ſont refendus de traits de ſcie, en ſorte que de quatre en quatre pouces on puiſſe y paſſer un gros fil d'archal, avec lequel on coupe les pains de Savon dans toute l'étendue du caiſſon; & quand ils ſont coupés en long de l'épaiſſeur de 4 pouces, juſqu'au bout de la table, on ouvre le caiſſon, on en tire le Savon coupé en long; & ſi l'on veut avoir des pains façon de Gayette, on les coupe de travers avec un couteau mince; de ſorte que d'une bande on en fait pluſieurs parallélépipedes.

Quand

Quand le Savon est coupé, un Serviteur enleve les morceaux de dessus la table & les met *en tour*, c'est-à-dire, sur le plancher, mettant les morceaux de Savon les uns à côté des autres pour former le rond qu'on nomme *tour*; on laisse un peu de jour à chaque extrémité des pains, pour qu'ils puissent être plutôt secs, ce qui exige quelquefois un jour & demi ou deux jours. Ensuite on applique la marque du Fabriquant sur les quatre faces : quelquefois cette marque porte le nom du Fabriquant ; alors le Savon reste à la place où on l'a mis jusqu'à ce qu'on l'encaisse.

Il est à propos de remarquer que les pains de Savon qu'on a levé des mises, sont aussi marqués de la même marque du Fabriquant aux endroits qui ont été coupés, & cela dès qu'ils ont été mis en pile ; & afin que la fleur de chaux qui est encore attachée à chaque pain de Savon, ne s'enfonce pas dans la pâte, ce qui arriveroit si on les mettoit ainsi poudrés en pile, un Serviteur, avant de les y mettre, a le soin, dès qu'on les a levé des mises, de les épousseter l'un après l'autre avec un balai de palme fort doux & souple, en sorte qu'ils sont aussi unis dessous que dessus ; les pains entiers sont portés dans les magasins de la Fabrique. Voilà ce que nous avions à dire du Savon blanc : il faut maintenant parler du Savon marbré.

XV. *Maniere de faire le Savon marbré.*

Le Savon marbré est, comme l'on sait, veiné de taches bleuâtres & rouges : il est aussi plus dur que le blanc ; pour cette raison on le préfere pour le transporter dans les pays chauds ; & parce qu'il est plus chargé de sel, il est estimé meilleur que le blanc pour les grosses lessives.

Pour faire ce Savon, on prend, par supposition, 20 cornudes de la seconde lessive de barille, que l'on jette dans la chaudiere avec 50 jusqu'à 70 milleroles de bonne huile d'olive. On conçoit bien que ces quantités dépendent de la grandeur de la chaudiere.

On met ensuite le feu au fourneau pour faire bouillir la matiere, qui, après cinq ou six heures de temps, commence à pousser au-dessus des flots de lessive. Lorsqu'elle a bouilli ainsi pendant vingt-quatre heures, & que la matiere commence de se lier, on y jette dix autres cornudes de la même lessive, &, en soutenant toujours l'ébullition, on continue d'y ajouter par intervalle tantôt cinq, tantôt dix cornudes de lessive, suivant qu'on voit que la matiere est plus ou moins liquide, & cela jusqu'à ce qu'on voye qu'elle ne pousse plus au dehors des flots de lessive, ce qui marque que l'huile est incorporée avec la lessive, & que ces deux substances ne font plus qu'un même corps. Après cette manœuvre, qui se fait ordinairement en deux jours, on jette dans la chaudiere 40 livres de couperose, qu'on a délayé avec cinq ou six cornudes de la seconde lessive de bourde : pour que la couperose pénetre dans toute la masse de Savon, on l'entretient toujours bouillante jusqu'à ce qu'elle devienne noire ; alors on discontinue le feu, & on laisse reposer la matiere pendant deux heures; puis on fait écouler par l'épine toute la lessive qui ne s'est point incorporée avec l'huile ; & ayant refermé ce canal, on remet le feu au fourneau comme auparavant, & l'on jette en même temps dans la chaudiere environ 60 cornudes de lessive de diverses qualités, dont la pâte prend la substance en bouillant pendant environ vingt-quatre heures, au bout desquelles on tire encore la lessive qui reste au fond de la chaudiere ; ce que l'on continue toutes les vingt-quatre heures, en observant d'ôter chaque fois le feu du fourneau, pour laisser reposer la matiere avant que d'ouvrir le trou de l'épine, pour que le Savon se divise & se sépare de la lessive, sans quoi il sortiroit avec la lessive. Lorsque la matiere a bouilli pendant 9 ou 10 jours, & que l'on sent, par une odeur de Savon, qu'elle est suffisamment cuite, on ôte le feu du fourneau, & l'on fait écouler comme auparavant, par le trou de l'épine, la mauvaise lessive ; on prend ensuite environ 10 ou 12 livres de brun rouge, (quelques-uns prétendent qu'on y mêle de l'orpiment,) on détrempe ce brun dans une cornude avec de l'eau commune; on jette cette couleur sur la matiere ; & après avoir mis une planche en travers sur le milieu de la chaudiere, il se met dessus deux Ouvriers, qui ont chacun une grande perche à l'extrémité de laquelle est attaché un bout de planche de 10 pouces en quarré : ils mêlent la matiere avec cet instrument *D*, *Pl.* I, *fig.* 4, pendant environ une heure, tandis que d'autres Ouvriers jettent dans la chaudiere, d'intervalle à autre, jusqu'à cent cornudes de différentes lessives des qualités que le maître-Valet juge à propos d'y mettre ; & cela pour rendre la matiere marbrée ; ce qui se fait en poussant cette perche jusqu'au fond de la chaudiere, & la retirant brusquement, pour que la lessive puisse pénétrer par-tout, & faire une marbrure égale. Comme l'huile est rassasiée de lessive, celle qu'on ajoute ne sert presque qu'à rendre la pâte liquide.

Après cette manœuvre, on tire la matiere avec des seaux de cuivre ou poëlons, & on la jette dans les mises pendant qu'elle est encore chaude, pour former les pains de Savon, qui durcit dans les mises à mesure que la matiere se refroidit ; c'est pour cela qu'on est obligé de l'y laisser dix ou douze jours en été, au lieu qu'en hiver trois ou quatre jours suffisent pour qu'il soit en état d'être coupé en grands pains, ce qui se fait avec le grand couteau de fabrique *S*, *Pl.* I, *fig.* 4 ; il est gouverné par un Ouvrier qui le tient par le manche, tandis qu'un autre le tire par l'autre bout avec une corde. Ces grands pains, qui sont des parallélépipédes de 16 pouces de largeur, sur 7 d'épaisseur, sont recoupés ensuite en 24 petits pains avec l'instrument *V*.

Il est à observer que pendant que le Savon se refroidit dans les mises, il en sort beaucoup de la lessive qui n'a été mise que pour le rendre marbré : elle s'écoule par des petits trous qu'on laisse exprès au bas des mises ; cette lessive n'ayant pas perdu toute sa force, peut servir encore à faire d'autre Savon ; & cela prouve que l'huile est chargée de sel autant qu'elle le peut être, ce qui fait que ce Savon est très-solide.

XVI. *Notes sur la proportion des substances qui entrent dans le Savon.*

UNE millerolle d'huile d'olive est une jarre ou un vase de terre vernissé *Z*, *Pl.* I, *fig.* 4, qui contient communément soixante pintes mesure de Paris, ou 113 à 118 livres d'huile poids de marc, plus ou moins, suivant qu'elle est pure & claire ou chargée de lie.

Chaque millerolle d'huile de cette capacité, doit produire 120 livres, poids de marc, de Savon blanc ou marbré; par conséquent dans une cuvée de Savon marbré, où il entre 70 millerolles d'huile, on doit obtenir 126 quintaux de Savon, pendant qu'une cuvée de Savon blanc, où il n'entre que trente millerolles d'huile, n'en produit que 54 quintaux. La raison est, à ce qu'on prétend, parce que dans celle-ci on n'ouvre point l'épine pour laisser couler la lessive usée, que toute la lessive qu'on y met doit entrer dans le Savon; & que si l'on mettoit autant d'huile que pour le Savon marbré, les matieres venant à se gonfler en bouillant, elles se répandroient par-dessus les bords de la chaudiere, & on fait pour cette raison moins cuire l'huile pour le Savon blanc que pour le marbré.

Il faut pour le Savon blanc 100 livres, poids de marc, de cendre d'Alicante par chaque millerolle d'huile; & pour le Savon marbré, on emploie pour chaque millerolle d'huile 100 livres de barille & 100 livres de bourde. Voilà l'usage de quelques Fabriques; mais pour avoir quelque chose de précis, il faudroit employer pour une épreuve, le sel qu'on peut retirer de la cendre, & celui qu'on peut obtenir de la barille & de la bourde; c'est aussi ce qu'a fait M. Geoffroy, dans les expériences que nous allons rapporter.

Suivant M. Geoffroy, 115 livres d'huile étant combinées avec suffisante quantité de lessive, fournissent 180 livres de Savon: d'où il suit que dans cette quantité de Savon il y a 65 livres de sel de soude, de chaux & d'eau; & il conclud de plusieurs expériences, qu'une livre de Savon d'une bonne consistance, contient à peu-près 10 onces un gros 54 grains d'huile, 4 onces 3 gros 40 grains de sel, & une once 2 gros 48 grains d'eau.

Mais pour avoir quelque chose de plus exact, M. Geoffroy a calciné deux onces de bon Savon, & il lui est resté 96 grains de sel très-sec; il y a ajouté 96 grains d'eau, & il a eu 2 gros 48 grains de sel crystallisé, ce qui établit la quantité de sel contenue dans deux onces de Savon.

Pour connoître combien cette même quantité de Savon contient d'huile, il a fait dissoudre deux onces de ce Savon dans trois demi-septiers d'eau; & pour ravir à l'huile son alkali, il a versé de l'huile de vitriol sur cette dissolution; & ayant étendu ce mélange dans de l'eau chaude, il a retiré une once 3 gros 20 grains d'huile.

Ainsi M. Geoffroy a trouvé par cette analyse, que deux onces de Savon d'Alicante contiennent deux gros 48 grains de ſel de ſoude, une once 3 gros 20 grains d'huile d'olive, & 2 gros 4 grains d'eau.

Quand M. Geoffroy a fait ces expériences avec du Savon fait avec du ſel de ſoude, l'acide vitriolique lui a donné du ſel de glauber; quand il a employé du Savon fait avec de la potaſſe, l'acide vitriolique lui a donné du tartre vitriolé.

Dans l'un & l'autre cas, l'acide vitriolique a fait avec la chaux un ſel pierreux.

En conſéquence de ces principes, M. Geoffroy s'eſt propoſé de recompoſer du Savon; & ayant fait fondre dans deux onces d'eau de chaux, trois gros de cryſtaux de ſoude, & une once 4 gros 49 grains d'huile d'olive, après quelques jours de digeſtion, il a eu du Savon en pâte, mais d'une odeur beaucoup moins déſagréable que le Savon ordinaire.

XVII. *Maniere de faire du Savon à froid; & quelques moyens qui tendent à économiſer les ſubſtances dont on retire les Leſſives.*

Une perſonne s'étant propoſé d'établir une Savonnerie dans laquelle elle feroit du Savon à froid, ſans lui donner aucune cuiſſon, j'acceptai la propoſition qu'elle me fit d'en faire de cette façon dans mon laboratoire. Je pris pour cela huit jarres ou grands pots de grais, au fond deſquels je fis un petit trou; j'emplis tous ces vaſes de ſoude & de chaux vive pulvériſées & mêlées enſemble à la doſe qui eſt en uſage dans les Savonneries; je verſai de l'eau ſur le premier pot, & je conſervai la leſſive qui couloit par le trou qui étoit au bas du pot, tant que par l'épreuve de l'œuf je reconnoiſſois qu'elle étoit forte; mais quand elle devenoit foible, je la verſois ſur le ſecond pot: je conſervois la leſſive du ſecond pot tant qu'elle étoit très-forte, puis ce qui en venoit étoit mis ſur le troiſieme pot, & ainſi ſucceſſivement ſur les huit pots, faiſant paſſer toujours la leſſive de l'un dans l'autre; mais j'avois grand ſoin de ne conſerver que la leſſive qui étoit très-forte, & toutes les foibles leſſives qui venoient des différents pots, étoient conſervées à part pour les verſer ſur les pots lorſqu'on les auroit remplis de nouvelles matieres.

L'Entrepreneur vint, & fit le mélange de cette leſſive qui étoit fort âcre, avec de l'huile fort claire, mais un peu graſſe, obſervant une doſe convenable; au bout de deux ou trois jours, il s'étoit formé ſur un peu de leſſive qui étoit au fond, une pâte de Savon; & ayant retiré la petite quantité de leſſive qui étoit deſſous, j'ai eu, après une huitaine de jours, un Savon aſſez ferme, à la vérité un peu gras, mais fort bon. Il reſte à ſavoir s'il y a de l'économie à ſuivre cette méthode; il eſt vrai qu'on n'emploie pas de bois; mais je crois qu'on ne retire pas des matieres ſalines tout ce qu'elles contiennent de ſel; & il eſt important, pour réuſſir, de n'employer qu'une leſſive très-forte. Ainſi je crois qu'on perd plus ſur les matieres ſalines, qu'on n'économiſe ſur le bois. Je fais le le même reproche à la méthode des Savonniers qui retirent leur leſſive dans les bugadieres : ils n'emploient que de l'eau froide, qui ne peut pas extraire tout le ſel ; auſſi eſt-il certain que les matieres qu'on rejette en ſont encore très-chargées, puiſqu'elles ſont âcres ; d'un autre côté les leſſives qu'on fait couler des chaudieres & qu'on rejette, ont auſſi de l'âcreté. C'eſt pourquoi, comme je l'ai déja dit, je crois que les Fabriquants pourroient retirer une bonne leſſive des matieres qu'ils rejettent, en conſervant pendant long-temps ce qu'ils tirent des bugadieres, ſous des halles fort aérées, puis les mêlant avec de nouvelle chaux, & les faiſant calciner comme nous avons dit qu'on faiſoit la potaſſe, les pilant de nouveau ſi on le jugeoit néceſſaire, & les arroſant dans les bugadieres avec les leſſives qu'on retire par l'épine du fond des chaudieres. Ces leſſives, qui ont encore de l'activité, diſſoudroient les ſels ſi on les verſoit chaudes dans les bugadieres. Toutes ces opérations pourroient ſe faire avec aſſez d'économie, ſi l'on ſe ſervoit du fourneau repréſenté *Pl.* I, *fig.* 1, 2 & 3 ; le feu qu'on feroit ſur la grille *G*, calcineroit les matieres qu'on mettroit dans la chambre *I*, *fig.* 3 ; le même feu chaufferoit les vieilles leſſives qu'on mettroit dans les chaudieres *L*, *L* ; & les cendres qui tomberoient dans le cendrier *F*, pourroient être mêlées avec de la chaux, puis calcinées avec les autres matieres dans la chambre *I*, & être employées utilement en les mettant dans les bugadieres.

Dans quelques endroits les Savonniers vendent leurs leſſives graſſes aux Blanchiſſeuſes. Je crois qu'ils auroient plus de profit en les employant eux-mêmes.

Ce que nous venons de dire s'accorde à merveille avec une épreuve qu'a faite M. Geoffroy, & que nous allons rapporter.

XVIII. *Procédé de M. Geoffroy pour faire à froid du Savon ſolide.*

Pour faire la leſſive, M. Geoffroy a pris cinq livres de chaux vive ſortant du four, dix livres de bonne ſoude d'Alicante pulvériſée & paſſée au tamis de crin.

Ayant partagé la ſoude & la chaux en deux parties égales, il mit la chaux concaſſée dans des terrines de grès, & la couvrit avec la ſoude pulvériſée.

Il verſa ſur ce mélange de l'eau chaude pour faire fuſer la chaux ; enſuite il agita ce mélange avec une ſpatule de bois blanc : il employa pour chaque terrine environ huit pintes d'eau.

Il laiſſa les terrines en cet état pendant 12 ou 15 heures ; puis il filtra la leſſive par un papier gris.

Il mit enſuite le marc dans une marmite de fer bien nette, avec dix pintes d'eau, qu'il fit bouillir une heure, puis la filtra comme l'autre leſſive, par le papier gris, & conſerva à part cette ſeconde leſſive.

Comme ces leſſives n'étoient pas aſſez fortes pour faire du Savon à froid, il mit cette ſeconde leſſive, qui étoit déja aſſez forte, dans une marmite de fer bien nette, pour la concentrer par l'ébullition, & à mesure qu'elle s'évaporoit il la faisoit remplir avec la premiere lessive qui avoit été [illegible]ée à froid; ce que l'on continua jusqu'à ce qu'il se fût formé une pellicule saline sur la liqueur.

Cette lessive devint noire à cause qu'elle avoit attaqué le fer de la marmite; mais ce n'est pas un inconvénient; si en cet état de concentration on en versoit une goutte sur un morceau de verre, elle se congeloit sur le champ.

On trouva au fond du vase un sel crystallisé par lames, qui étant fondu dans un creuset, donna une bonne pierre à cautere.

Quand la lessive fut à ce degré de concentration, on la laissa un peu refroidir, puis on l'entonna dans des bouteilles qu'on tint bien bouchées, pour que cette lessive, qui est avide d'eau, n'aspirât pas de l'humidité de l'air, ce qui l'auroit affoiblie.

Voilà ce qui regarde la préparation de la lessive; & l'on doit remarquer que par l'ébullition on a retiré des sels qui ne s'étoient pas dissous dans l'eau froide. Comme cette lessive étoit destinée à faire du Savon sans feu, il étoit important qu'elle fût très-concentrée, & elle l'est quand il se crystallise du sel au fond des vases, où on la laisse perdre une partie de sa chaleur. Ayant fait cette opération dans des terrines de grès, M. Geoffroy eut une lessive couleur de paille, quoiqu'autant concentrée que celle qui avoit été évaporée dans la marmite de fer; & en cet état, elle est propre à faire du Savon blanc.

Pour faire le Savon, M. Geoffroy versa de cette lessive dans une jatte de faïance, & y ajouta deux parties de bonne huile d'olive; en l'agitant avec une spatule de bois blanc, il vit sur le champ le mélange prendre une consistance semblable à du beurre; il tint ce vase dans un lieu sec & un peu chaud, ayant soin de remuer de temps en temps le mélange: au bout de cinq à six jours le Savon prit sa consistance, & il étoit en état d'être mis aux mises pour achever de le dessécher, ce qui se fit en quinze jours.

Comme dans les Fabriques il faut viser à l'économie, je pense en général, que le Savon qu'on fait sans feu doit coûter plus que l'autre, & que les moyens que M. Geoffroy a employés pour faire sa lessive n'y seroient pas praticables; mais on produira à peu-près le même effet, sans augmenter beaucoup les dépenses, en employant les moyens que j'ai proposé plus haut.

Pour les Savons dont nous avons parlé, nous avons dit que l'huile grasse avoit plus de disposition à se lier avec les sels alkalis, que celles qui étoient très-coulantes; mais qu'il falloit qu'elles fussent claires, &, comme disent les Savonniers, *lampantes*. Nous avons dit comment on passoit à la chaudiere celles qui étoient sales; mais pour tirer parti des lies dans les Fabriques où l'on fait de beau Savon, on les rassemble dans une cuve ou une pile, dans un lieu assez chaud pour que l'huile ne se fige pas; la lie épaisse se précipite au fond, & on ramasse l'huile claire qui surnage pour la faire entrer dans le bon Savon; mais pour des Savons de moindre qualité, on cuit le tout en Savon, principalement quand on fait des Savons en pâte, qu'on appelle *noirs*. Il y en a qui vont dans les villages acheter des lies pour en faire des Savons communs, qui communément se vendent en pâte.

M. Geoffroy, qui, comme nous venons de le dire, a fait des recherches sur le Savon, pense, comme tout le monde, que toutes les huiles grasses qu'on unit par digestion ou par ébullition à une lessive de sels alkalis, concentrée & rendue caustique, fait du Savon; mais il ajoute que toute huile grasse ne le donne pas en forme seche comme celui qu'on fait à Alicante & à Marseille; il prétend qu'on ne fera jamais que du Savon en pâte avec l'huile de lin, quoiqu'on emploie une lessive très-concentrée; cette huile se grumele, dit-il, & ne se congele point par le froid, comme le font les huiles d'olive & de lin. Or, suivant lui, les huiles qui se gelent aisément, sont propres à faire les Savons solides. On a vu que dans les Fabriques, il arrive quelquefois que le Savon se grumele dans les chaudieres, & que les bons Fabriquants parviennent à le réduire en pâte. J'ai fait du Savon en pain & assez dur, avec des huiles de graines; néanmoins je me garderai de nier ce que M. Geoffroy avance ici, n'ayant pas fait assez d'expériences pour éclaircir ce fait, & n'ayant jamais employé de l'huile de lin pour faire du Savon. Quoi qu'il en soit, après avoir suffisamment détaillé la façon de faire les Savons en pain, je vais rapporter comment on fait le Savon en pâte qu'on nomme communément le *Savon noir* ou *liquide*.

XIX. *Du Savon tendre & en pâte.*

Ces Savons se font comme ceux en pain, avec des huiles, des sels alkalis & de la chaux.

On fait beaucoup de ces Savons en Flandres & en Picardie, probablement parce qu'on recueille dans ces Provinces quantité de graines dont on retire l'huile.

Il y en a de grandes Fabriques à Lille; on en fait aussi à Abbeville, à Amiens & à Saint-Quentin; entre ces trois différents endroits, c'est celui de Saint-Quentin qu'on estime le plus, puisqu'il se vend 17 livres, pendant que celui d'Amiens ne se vend que 15 livres, & celui d'Abbeville encore moins: on en fait encore en plusieurs autres endroits; mais j'ignore quelle est leur qualité.

XX. *Des huiles qu'on emploie pour faire le Savon en pâte.*

Les Fabriquants conviennent unanimement qu'ils peuvent faire de leur Savon avec toutes sortes d'huiles; mais celle d'olive est trop chere; celle de poisson fait un Savon d'une odeur très-désagréable. J'en ai fait pour expérience avec des graisses: il étoit assez beau, & avoit peu d'odeur; mais pour cela il faut employer de belles graisses, & elles sont très-cheres; les petits suifs &

les vieilles graisses font de vilain Savon, qui reste toujours tendre, & sent mauvais.

Comme les huiles de noix, de pavot, de lin, s'emploient pour les peintures, elles sont communément trop cheres pour être converties en Savon. Ainsi dans les Fabriques dont il s'agit, on n'emploie guere que les huiles de Colza, de chenevis & de navette, &c. Je répéterai encore ici que les huiles grasses & épaisses s'incorporent plus aisément avec les sels, que celles qui sont fort coulantes.

XXI. *Des Sels qu'on emploie pour faire le Savon en pâte.*

Les Fabriquants redoutent les substances qui contiennent beaucoup de sels moyens; c'est pourquoi ils ne font point usage de la Soude de Varech, dans laquelle il y a beaucoup de sel marin.

Quelques-uns prétendent que la soude de kali ne leur convient pas, parce qu'elle rendroit leur pâte trop ferme; outre que je ne regarderois pas cela comme un défaut, il me paroît qu'en cuisant moins le Savon, on parviendroit à avoir une pâte qui ne seroit point trop ferme; mais la vraie raison qui empêche les Savonniers d'employer les Soudes d'Alicante ou de Carthagene, est qu'elles sont trop cheres. Ainsi le seul sel qu'on emploie dans ces Savonneries, est la potasse qu'on tire de Dantzick: il y en a, comme nous l'avons dit plus haut, de grise, de blanche & d'autres couleurs. Au reste, on choisit la potasse qui a une odeur lixivielle, & une saveur âcre & piquante.

XXII. *De quoi est composée la Lessive.*

Cette potasse & de la chaux vive, qui en augmente la causticité, sont les seules substances dont on se sert pour faire la lessive; mais dans la Flandres on fait la chaux avec de la pierre dure, ou avec une pierre tendre qui differe peu de la craie. On préfere pour les bâtiments la chaux de pierre dure; mais celle de pierre tendre est choisie par les Savonniers, non-seulement parce qu'elle est à meilleur marché, mais encore parce qu'elle se réduit plus aisément en poudre.

XXIII. *Comment on fait la Lessive.*

On étend par terre en O, *Pl.* V, *fig.* 1, une certaine quantité de potasse, que l'on concasse, s'il en est besoin, pour que les plus gros morceaux soient au plus comme des noix; on en forme ainsi un lit que l'on couvre de chaux vive à peu-près en égale quantité que de potasse, & quelques-uns y ajoutent une troisieme couche de cendre de fougere; puis avec de la lessive très-foible qu'on a puisée dans des arrosoirs, on en verse seulement ce qu'il en faut pour humecter la couche de chaux, afin qu'elle fuse & se réduise en poudre.

Quand

Quand quelque temps après la chaux est réduite en poudre, on remue avec une pelle de fer la chaux & le sel, pour que ces deux substances soient bien mêlées ensemble, & qu'elles se pénetrent mutuellement; c'est ce que les Savonniers nomment *le levain*, qu'on laisse se rasseoir jusqu'à ce que la potasse qui a pris l'humidité de l'air, & qui s'est aussi un peu chargée de la lessive dont on a arrosé le mélange, commence à fondre, & que le tout devienne pâteux.

Quand le levain est en cet état, on le transporte dans le premier bac, qui est quelquefois bâti en briques avec mortier de chaux & ciment, comme sont les bugadieres de Provence dont nous avons parlé; ou bien c'est une futaille *A*, *fig.* 1, 2 & 3, faite de planches de chêne d'un pouce d'épaisseur, & cerclée de fer. On les établit sur une cîterne *H*, qui est aussi un baquet de bois, mais scellé dans un massif de brique. Dans les Fabriques ordinaires, il y en a quatre *A*, *B*, *C*, *D*, *Pl.* V, *fig.* 1, 2 & 3, & un pareil nombre de cîternes *E*, *F*, *G*, *H*. Dans d'autres, il y en a un plus grand nombre; mais il en faut au moins quatre; & il est à propos de remarquer qu'il n'y a que la lessive de la premiere cîterne *H*, qui serve à faire le Savon; les autres sont destinées à épuiser le sel qui est resté dans le levain.

Lorsqu'on a encuvé le levain, c'est-à-dire, quand on en a mis dans le premier bac ou la premiere tonne *A*, on verse dessus de la lessive foible qu'on a tirée de la tonne *B*, & puisée dans la cîterne *G*, *fig.* 1 & 2, où on la laisse en trempe assez de temps pour que la foible lessive puisse se charger des sels âcres du levain. On leve alors une broche de fer *a*, qui ferme un trou pratiqué au milieu du fond de cette premiere futaille *A*, pour que la lessive s'écoule dans la cîterne *H*, qui est dessous. Lorsque cette premiere charge s'est écoulée, on abaisse la barre de fer *a*, pour fermer le trou qui est au fond de la tonne *A*, & on remet une seconde charge de la même lessive foible, ce qu'on répete deux, trois & quatre fois, jusqu'à ce qu'on ait emporté au levain la plus grande partie de ces sels; ce qu'on reconnoît en recevant dans une grande cuiller de la lessive de la derniere charge, & au moyen d'un œuf frais on connoît sa force, comme nous l'avons dit en parlant du Savon blanc.

Quand ce qui s'écoule du levain a perdu la force qui lui convient, on retire le levain de la premiere tonne *A*, on le met dans la tonne *B*, & on verse dessus de la lessive foible, pour en retirer ce que le levain, déja lavé, peut encore contenir de sel. On met dans la tonne *A* du levain neuf, & on le charge de la lessive qu'on tire de la cîterne *G*, qui est sous la tonne *B*; quand on a chargé une ou deux fois de lessive foible cette tonne *B*, on en tire le levain, on le met dans la tonne *C*, & on le charge avec la lessive qu'on tire de la cîterne *F*; enfin on met ce même levain dans la tonne *D*, qu'on charge avec de l'eau pure; & quand on a reçu la foible lessive qui en coule dans la cîterne *E*, on regarde ce levain comme entiérement épuisé de sels, & on le jette. Ainsi on fait passer le même levain successivement dans les quatre tonnes *A*, *B*, *C*, *D*, & la tonne *D* est chargée avec de l'eau douce ; la tonne *C* est chargée avec la lessive qu'on tire de la cîterne *E*; la tonne *B* avec celle qu'on tire de la cîterne *F*; enfin la tonne *A*, où le levain est neuf, est chargée par la lessive qu'on tire de la cîterne *G*; & la lessive que contient la cîterne *H*, qu'on fait ordinairement plus grande que les autres, est la seule qui serve à mettre dans la cuve. Les Savonniers ont plus ou moins de tonnes, suivant la quantité de Savon qu'ils fabriquent ; mais on estime que quatre bacs sont suffisants pour extraire le sel d'un levain. Je crois néanmoins qu'on en retireroit encore plus si l'on pouvoit charger les tonnes *C* & *D*, avec de l'eau de chaux qui fût chaude ; & peut-être le seroit-elle assez, si on employoit cette eau aussitôt que la chaux est éteinte, & avant qu'elle fût refroidie.

XXIV. *Comment on charge la Chaudiere.*

DANS cette Fabrique, la chaudiere a un fond de fer battu, & le reste est en maçonnerie, comme celles des Fabriques de Savon blanc : elles sont de différentes grandeurs, suivant la force des Fabriques ; les plus grandes cuisent à la fois 12 à 15 milliers de Savon.

Il est indifférent de les chauffer avec de la tourbe, de la houille ou du bois ; ainsi on choisit les matieres combustibles qui coûtent le moins.

On met d'abord l'huile dans la chaudiere, & ensuite la lessive dans la proportion à peu-près du produit de 125 livres de bonne potasse pour 200 livres d'huile, ce qui doit fournir à peu-près 325 livres de Savon ; ainsi l'eau & la chaux qui restent dans le Savon, compensent le déchet des parties terreuses de la potasse.

On commence par un petit feu, & l'augmentant un peu, on le continue jusqu'à ce que l'huile & la lessive bouillent ; alors le Fabriquant doit examiner si la lessive s'unit à l'huile, ou, comme disent les Ouvriers, si ces deux substances prennent liaison & forment collage.

L'union étant faite, il s'agit de la conserver ; c'est un point essentiel, & le prétendu secret des Fabriquants, chacun disant avoir une pratique préférable aux autres.

Effectivement cette liaison se fait quelquefois trop forte ; d'autres fois trop foible, & aussi quelquefois elle ne se fait point du tout.

Le talent du Fabriquant consiste à savoir, par la force du feu & celle des lessives, diminuer le collage quand il est trop fort, le fortifier quand il est trop foible, & aider à la liaison quand elle ne se fait pas.

Il est quelquefois arrivé que des Fabriquants ne pouvant y réussir, ont été obligés de vuider leur chaudiere, & de recommencer avec de nouvelles matieres. Ces accidents me sont arrivés dans des expériences que je faisois en petit dans mon laboratoire, sans que j'aye pu savoir d'où cela dépendoit ; & si je croyois pouvoir conclure quelque chose de mes petites épreuves, je dirois qu'il faut

commencer la cuite avec de la lessive médiocrement forte, pour épaissir l'huile par une cuisson un peu longue, ensuite nourrir le brassin avec de forte lessive, augmentant le feu à propos, comme il est dit à l'occasion du Savon qu'on fait en pain.

Mais ce qui embarrasse le plus le Fabriquant, est quand le brassin, qui a pris d'abord une liaison convenable, perd tout d'un coup sa liaison. Je soupçonne que dans ce cas, il faudroit laisser refroidir le brassin, retirer l'huile si elle se séparoit de la lessive, puis la remettre dans la chaudiere, & recommencer l'opération comme si l'on n'avoit rien fait. Mais c'est-là une pure conjecture.

Quand le Savon conserve sa liaison, on le nourrit avec de la lessive forte, & on augmente le feu pour dissiper l'humidité surabondante qui empêche l'union du Savon, pendant que la lessive devenant plus forte par la dissipation de l'humidité, elle s'unit à l'huile, & alors on donne au Savon la cuisson qui lui convient: c'est le point qu'il n'est pas aisé de saisir, d'où dépend néanmoins la bonne ou la mauvaise qualité du Savon. Mais connoît-on ce point important par l'épaississement de la pâte, ou par la forme des bouillons? C'est ce que je ne sais pas positivement: il faut un grand usage pour ne se point tromper sur ce degré de cuisson.

On peut demander pourquoi ce Savon ne prend pas de la consistance comme celui qu'on fait en pain; M. Geoffroy, comme nous l'avons dit, en attribue la cause à la différence des huiles, prétendant que plus les huiles ont de disposition à se congeler par le froid, & plus elles sont propres à faire du Savon en pain. Je crois que la nature des sels y contribue beaucoup; car on sait que la potasse est un alkali végétal fort avide d'humidité; au lieu que les sels qu'emploient ceux qui font du Savon en pain, la barille, la bourde, les cendres du Levant, contiennent un alkali de la nature de la base du sel marin, qui tombe en farine à l'air; mais je me garderai d'assurer que ce soit en ce seul point que consiste la différence qu'on remarque en ces différents Savons; je n'ai pas sur cela des connoissances assez positives pour me décider.

XXV. *Sur la différente qualité des Savons en pâte.*

Le Savon qu'on fait avec l'huile de chenevis, est verd; celui qu'on fait avec les huiles de colza & de navette, est brun tirant au noir. Quelques-uns, je ne sais pour quelle raison, estiment cette couleur. Il y a des Fabriquants qui mêlent dans leur composition une teinture qu'ils font avec la couperose & la noix de galles: c'est une espece d'encre qui ne paroît pas devoir augmenter la bonté du Savon.

Le Savon non sophistiqué, qui, dans le quart & en masse, paroît noir, se montre verd de pré quand on l'expose au jour en lames minces.

Le Savon qu'on nomme mal-à-propos *liquide*, & qu'il est plus convenable de nommer *en pâte*, ne doit point être trop mou; on desire qu'il soit à peu-près comme de la glu: il doit être ferme, clair, transparent quand on en place une lame entre l'œil & la lumiere; sur la langue, il doit avoir de la saveur. Il faut qu'il fonde promptement dans l'eau, qu'il forme à la surface beaucoup de mousse blanche & légere. Si l'on s'en sert pour dégraisser la laine, il faut qu'au sortir du bain elle soit dégraissée dans l'intérieur aussi parfaitement qu'à l'extérieur: le bon Savon la rend blanche, bouffante, légere & douce au toucher.

C'est un grand défaut à ces Savons que d'être trop mous; il est vrai que par les temps froids ils prennent de la fermeté; mais alors on connoît leur défaut en plongeant dedans une spatule; car ce Savon trop mou forme de grands filets comme le vermichel; au lieu que celui qui n'a pas ce défaut, rompt. Dans les temps de chaleur, ces Savons trop mous deviennent coulants, & quelquefois ils se corrompent. On remarque aussi, quand il fait chaud, que les Savons mal fabriqués ont une couleur terne: ils sont fades sur la langue, ils moussent peu; & si l'on s'en sert pour dégraisser la laine, ils n'enlevent que la graisse qui est à l'extérieur; & en écharpissant les floccons pour les faire sécher, on apperçoit que l'intérieur est gras.

Il n'y a que les Fabriquants qui ont fait dégraisser la laine pour leur usage, qui remarquent ce défaut. Ceux qui vendent des laines filées, ne sont pas fâchés qu'il y reste du gras dans l'intérieur, parce que le poids en est augmenté; mais cette graisse que le foulon doit emporter, rend les étoffes creuses & molles. On voit par-là combien il est important d'employer de bon Savon, puisque ces Savons, qui devroient avoir plus d'activité que les Savons en pain, en ont beaucoup moins.

On doit encore éviter que les Savons en pâte ayent une mauvaise odeur; en général, ils en ont toujours plus que les Savons blancs; mais quand elle est considérable, on peut être sûr qu'on y a fait entrer de l'huile de poisson, ce qui est très-expressément défendu.

Voilà ce que je savois sur la fabrique des Savons en pâte; mais ayant appris qu'il y en avoit de grandes Fabriques à Lille en Flandres, j'engageai M. Fougeroux de Blaveau, mon neveu, Capitaine d'Infanterie, & Ingénieur ordinaire du Roi, qui étoit alors en résidence à Lille, de me faire part de ce qu'on faisoit dans ces Fabriques, qui sont plus considérables que celles que je viens de décrire; il a répondu à mon invitation, en m'envoyant un Mémoire très-détaillé, que je crois devoir faire imprimer en entier avec les figures qui y étoient jointes.

La différente disposition de ces Fabriques, contribue à la perfection de notre Art.

XXVI.

XXVI. *Fabrique de Savon en pâte, établie à Lille en Flandres, décrite par M. Fougeroux de Blaveau.*

Le Savon en pâte eſt, comme toutes les eſpeces de Savons, un compoſé d'huile rendue miſcible à l'eau par l'interméde d'un alkali. Il differe du Savon blanc, 1°. par ſa couleur, qui eſt brune ou verd foncé; 2°. par ſa conſiſtance, qui n'eſt jamais ſolide, mais en pâte molle & graſſe : du reſte il a les mêmes propriétés que les Savons blancs; ſon effet eſt même plus actif, ce qui fait qu'on le préfere pour dégraiſſer les laines dans les Manufactures de Draps, de Couvertures, &c.

On fabrique beaucoup de Savon mou en Flandres, en Picardie, en Hollande; en général, celui de Picardie eſt le plus eſtimé & le plus cher, enſuite celui de Flandres, & en particulier de Lille. En Hollande, on en fabrique de différentes qualités, dont pluſieurs ont une très-mauvaiſe odeur, à cauſe des eſpeces d'huile qu'on y emploie.

Les huiles dont on fait le Savon en Flandres, ſe diviſent en *huiles chaudes* & *huiles froides* : ce ſont-là des termes de Fabrique. En Picardie, on nomme *huile jaune*, celle que les Flamands nomment *chaude*; & *huile verte*, celle que les Flamands nomment *froide*.

Les huiles qu'on nomme *chaudes*, ſont celles de *lin*, de *chenevis* & d'*œillet*.

Les huiles *froides*, ſont celles de *colza* & de *navette*.

En général, les huiles dites *chaudes* ſont plus cheres que les huiles froides, ſur-tout à Lille, celle de colza ſe recueillant dans les environs de cette ville.

On pourroit auſſi fabriquer du Savon avec de l'huile de poiſſon; mais ſon odeur eſt inſupportable, ce qui fait qu'elle eſt proſcrite par tous les Statuts des Savonniers, & qu'il leur eſt défendu d'en employer, ſous peine d'une amende très-conſidérable. En Brabant, ils jurent même à leur réception de ne jamais en faire uſage, ſoit en total ou en l'alliant avec d'autres huiles : on n'en emploie qu'en Hollande, & cela a décrié leur Fabrique.

Les matieres dont on tire l'alkali pour en former les leſſives, ſont les potaſſes mêlées avec de la chaux, ſur leſquelles on fait paſſer de l'eau pour en diſſoudre les ſels.

On diſtingue pluſieurs eſpeces de potaſſes, qui prennent leur nom de l'endroit d'où on les tire. La plus grande partie dites *de Dantzick*, viennent de Pologne : elles ſont blanches. On en tire de Hambourg qui ſont plus fortes que celles de Dantzick, mais très-difficiles à employer. Il en vient auſſi en grande quantité de Liége & de Luxembourg : elle eſt en poudre, & renfermée dans des ſacs. La plus eſtimée eſt celle de Hongrie, qui vient de Trieſte par mer. Toutes ces potaſſes ſe vendent au cent peſant.

En général, toutes les potaſſes, ſoit du même pays, ſoit de différents endroits, varient beaucoup par leur force & leurs qualités, ce qui provient, je crois, de l'alliage du sel alkali avec différents sels moyens, tels que le sel marin ou les sels vitrioliques que produisent les différents bois dont on fait la soude, ou des terreins où ils ont cru, suivant leur éloignement ou leur proximité de la mer.

C'est cette variété dans la force & qualité des potasses, qui fait le grand art des Savonniers, chacune demandant à être traitée différemment, d'abord pour en extraire les lessives, ensuite les lessives qui en proviennent exigeant des manutentions particulieres dans les Fabriques du Savon.

On n'emploie jamais pour le Savon dont il s'agit, de soude d'Alicante, ni de cendres du Levant, encore moins de celles qu'on fabrique en Normandie avec le varech.

La chaux dont on se sert est la même qu'on emploie pour la bâtisse : il faut l'avoir vive, c'est-à-dire, telle qu'elle sort du four. Celle qu'on emploie ordinairement en Flandres, est faite avec de la pierre tendre : elle est la plus commune dans le pays. Je ne sais pas si pour le Savon elle est préférable à celle de pierre dure.

Nous avons dit que les lessives étoient un mélange de potasse & de chaux, sur lequel on faisoit passer de l'eau. Quoiqu'on n'observe pas des proportions bien exactes, & que même ce mélange doive varier suivant les différentes qualités des deux matieres qu'on emploie, néanmoins voici ce qui est le plus usité. En été on met sur 1500 pesant de potasse, 12 à 13 cents de chaux, un peu plus en hiver.

Pour faire le mélange, on étend la potasse sur le pavé, & on la brise avec des battes ; on fait à part un monceau de chaux vive, qu'on fait fuser en jettant un peu d'eau dessus, puis on la laisse reposer environ une demi-journée, plus ou moins, suivant la qualité de la chaux ; c'est de cette préparation de la chaux & de sa quantité, que dépend (suivant les Savonniers) la bonté des lessives. La chaux étant bien fusée, on la mêle le mieux qu'il est possible avec la potasse ; on jette un peu de poussiere de charbon de terre sur les outils, pour que la chaux ne s'y attache point, & même on en mêle un peu avec la matiere, pour qu'elle ne fasse pas trop masse, & que l'eau ait plus de facilité à passer au travers. Ce mélange bien fait, on en emplit le bac, n°. 5, *Pl.* VI, *fig.* 1 & 2.

Ces bacs 1, 2, 3, 4, 5, sont, comme on voit *Pl.* VI, au plan *fig.* 1, & à la coupe *fig.* 2, des especes d'auges en maçonnerie, formant à peu-près intérieurement un cube de 5 pieds de côté. Il y en a cinq d'accollés les uns aux autres, sous chacun desquels est une cîterne particuliere *d.* Ces cîternes ont une même largeur que les bacs; mais elles sont plus longues, afin qu'il puisse y avoir en avant, comme l'on voit dans la figure 1, une trape pour puiser la lessive qui s'y rend. On a supposé sous le hangard dont on donne ici le plan, deux rangées de bacs ou cuves, & les cîternes occupent la moitié de la largeur du bâtiment. La profondeur de ces cîternes est assez indifférente, plus elles en ont, & plus elles contiennent de lessive ; mais il faut qu'elles ayent au moins 6 pieds au-dessous du fond des bacs, pour que la lessive ne vienne jamais à cette hauteur. Celle du cinquieme bac cottée *d e*, doit être beaucoup plus grande que les autres, parce qu'elle doit servir de réservoir aux lessives fortes, telles qu'elles doivent être employées pour le Savon ; c'est pourquoi cette cîterne est double. Pour la commodité du travail, elle doit être très-près de la chaudiere ; cette disposition a cependant l'inconvénient qu'on est obligé de faire le mélange du levain sur l'espace qui reste entre le dernier bac n°. 5, & la chaudiere, pour le jetter tout de suite dans ce bac n°. 5 ; ou si on fait le mélange dans le magasin des potasses, il faut l'apporter dans des brouettes, d'où on le jette dans le bac.

Les cîternes ainsi que les bacs, sont ordinairement en briques, crépies en dedans d'un bon mortier de cendrée de Tournay, ou de Pozzolane ; ce n'est que par la bonté du mortier qui forme le crépi intérieur, sa qualité, & la maniere dont il est employé, qu'on peut espérer d'avoir les bacs & les cîternes étanches ; car pour peu que la brique fût découverte, la liqueur des lessives qui est mordante & corrosive, la rongeroit, & ne tarderoit pas à se faire jour au travers. A Lille on emploie la cendrée de Tournay, qu'on lisse pendant plus de six semaines. Comme malgré toutes les attentions dans la construction, il leur arrive souvent des dégradations, quelques Savonniers ont préféré de les revêtir intérieurement en dalles de pierre de taille, jointes avec du mastic.

Le bac n°. 5, ainsi rempli du mélange préparé comme nous l'avons dit, on l'arrose avec de l'eau qu'on tire de la cîterne n°. 4. On se sert à cet effet d'une petite pompe portative, qui se monte le long d'un poteau de bois *k*, établi auprès de l'ouverture de chaque cîterne ; cette pompe puise l'eau dans la cîterne n°. 4, & par le moyen d'une petite gouttiere on la verse sur le bac n°. 5. On voit dans les figures, au plan & à la coupe, l'établissement d'une de ces pompes, qui est supposée puiser l'eau dans la cîterne n°. 3, pour la verser sur le bac n°. 4.

La quantité d'eau qu'on tire de la cîterne n°. 4, pour la verser sur le bac n°. 5, doit être proportionnée à la grandeur des bacs, & aussi à la quantité & à la qualité des matieres qu'on emploie. Sur 15 à 16 cents de potasse, on peut verser 16 à 17 tonnes d'eau (*). Cette eau ne doit pas être jettée toute à la fois, mais à plusieurs reprises, c'est-à-dire, en 24 heures de temps, environ trois à quatre tonnes à chaque reprise. Chaque fois qu'on veut mettre de nouvelle eau, on leve auparavant le piston qui répond au trou du fond du bac. Ce piston *b*, qu'on voit au milieu des bacs 4 & 5, *figure* 10, est enfermé dans un tuyau de bois, de 4 à 5 pouces en quarré ; il y a de chaque côté de ce tuyau & à la partie d'en-

(*) La tonne est de 50 pots ; le pot pese quatre livres, & contient 104 pouces cubes.

bas, des échancrures ; enſorte que les eaux, après avoir filtré au travers des terres, & diſſous en grande partie les ſels qu'elles contiennent, ſe rendent par ces ouvertures, lorſque le piſton eſt levé, dans la cîterne qui eſt au-deſſous.

Pour empêcher les terres de ſuivre l'eau, & de boucher les échancrures faites au bas du tuyau, lorſque ce tuyau eſt poſé à l'à-plomb du trou qui eſt au fond du bac, on arrange autour de ſon pied des brins de balai en aſſez grande quantité; par-deſſus on forme un cône de ſcories de charbon, en ſorte que l'eau des leſſives ſe filtre au travers des ſcories, traverſe les brins de balai, & entre dans le tuyau par les échancrures dont nous avons parlé, d'où elle coule, lorſqu'on leve le piſton, dans les cîternes: par ce moyen les tuyaux ne s'engorgent point, & l'eau des bacs, ou les leſſives, ſont comme filtrées.

Cette eau de la cîterne n°. 4, déja chargée de ſels, lorſqu'elle a paſſé ſur les nouvelles terres du bac n°. 5, & qu'elle eſt rendue dans la cîterne qui eſt deſſous, doit avoir toute la force néceſſaire pour fabriquer le Savon; ſi elle étoit trop foible, c'eſt que le Savonnier auroit fait paſſer trop d'eau ſur le bac, proportionnellement à la force de ſes matieres; l'expérience ſeule peut donc régler cette quantité.

On connoît la force des leſſives, en en tirant dans un vaſe, & y plongeant un œuf; lorſqu'elles ſont aſſez fortes, il doit revenir à la ſuperficie & y reſter comme ſuſpendu; d'autres ſe ſervent d'une boule de Savon, & on connoît la force de la leſſive par la quantité dont elle enfonce. On pourroit y employer un peſe-liqueur, & obſerver le degré convenable, attendu que plus les leſſives ſont fortes, c'eſt-à-dire, plus elles ſont chargées de ſels, plus elles ſont peſantes; mais l'œuf ou la boule de Savon étant ſuffiſants, il eſt inutile d'avoir recours à un autre moyen qui ſeroit plus coûteux.

Quoique l'eau qu'on verſe ſur le bac n°. 5, diſſolve la plus grande partie des ſels que contiennent les matieres, néanmoins il en reſte encore beaucoup; pour les en tirer, lorſque toute l'eau eſt écoulée dans la cîterne, on jette à la pelle les terres dans le bac joignant n°. 4, qu'on arroſe de nouveau avec même quantité d'eau que la premiere fois, mais qu'on puiſe dans la cîterne n°. 3.

On recommence la même opération juſqu'à ce que les terres ſoient parvenues dans le bac n°. 1; alors comme il n'y a point de cîterne précédente, on les arroſe avec de l'eau ordinaire.

Le choix de cette eau n'eſt pas indifférent; celles dites *crues*, ou qui ne peuvent diſſoudre le Savon, ne valent rien, les plus douces ſont les meilleures; celles de cîternes ou de pluie ſont préférables aux autres: on l'a ſuppoſée, dans la figure, provenir d'une pompe qui eſt placée en dehors du bâtiment.

Lorſque la nouvelle eau qu'on a verſée ſur le bac n°. 1, eſt écoulée dans la cîterne du même numéro, les terres ſe trouvent avoir été lavées à cinq fois différentes, en ſorte qu'on les regarde comme ne contenant plus de ſels, & on les jette dehors. On ménage à cet effet, pour éviter la main-d'œuvre, une fenêtre

ou

ou une ouverture vis-à-vis le bac n°. 1. (*Voyez fig.* 19.) Ces terres s'emploient cependant encore avec succès à fumer les terres froides & sablonneuses, & se vendent à Lille assez cher. On les transporte par eau dans la Flandre-Autrichienne, où on en fait usage.

La marche de l'eau est contraire à celle des terres, c'est-à-dire, que les nouvelles terres se jettent toujours dans le bac n°. 5, tandis que la nouvelle eau se jette toujours sur le bac n°. 1.

On voit par cette marche que les terres sont lavées & remuées à cinq fois différentes, avant d'être regardées comme ne contenant plus de sels, & réciproquement que l'eau avant d'arriver dans la cîterne n°. 5, ou d'être une lessive assez forte pour fabriquer du Savon, a passé cinq fois successivement sur ces terres; en sorte que la force des lessives va toujours en augmentant de la cîterne n°. 1 à celle n°. 5.

Pour que le travail soit continu, à mesure qu'on vuide le bac n°. 5, on le remplit de nouvelles matieres préparées comme nous l'avons indiqué ci-dessus.

Voilà comme on prépare les lessives qui doivent entrer dans la composition du Savon en pâte.

A l'égard des huiles, on ne leur donne aucune préparation; on les emploie telles qu'on les achete ou qu'elles viennent du moulin.

Nous avons dit qu'on faisoit usage en Flandres des huiles, les unes qu'on nomme *chaudes*, & les autres *froides*; que les froides dont on fait la plus grande consommation, sont celles de colza; que les huiles chaudes mêlées avec les froides, donnoient plus de qualité au Savon. Comme ces huiles chaudes sont plus cheres que les froides, les Savonniers n'en emploient que le moins qu'ils peuvent. En hiver, ils sont cependant obligés d'en employer, quelquefois même jusqu'à moitié; en été, ils brassent souvent avec l'huile de colza pure. En Picardie, ils mêlent toujours environ un tiers d'huile chaude: aussi leur Savon passe-t-il pour plus fin, & de qualité supérieure; & pour cette raison ils le vendent plus cher, & n'en ont pas tant de débit, ce qui revient au même pour le Fabriquant. A Lille ils en brassent aussi avec un tiers d'huile chaude; mais ce n'est que lorsqu'ils en ont de commande pour les Manufactures qui exigent du Savon de la premiere qualité, & meilleurs que ceux qui entrent dans le commerce.

Ce Savon se cuit comme celui en pain, dans des chaudieres: les plus grandes sont les meilleures, y ayant toujours de l'économie à faire de grands brassins; mais pour être bien proportionnées, leur diametre doit toujours être plus grand que leur profondeur. Comme le Savon, en bouillant, monte beaucoup, toutes les matieres qui doivent former le brassin, ne doivent jamais emplir la chaudiere qu'à moitié de sa profondeur, afin qu'il y ait assez de place pour le levage. Une chaudiere de 13 pieds de diametre, sur 11 de profondeur, brasse environ 25 à 30 tonnes d'huile, & rend net un peu plus du double de Savon, c'eſt-à-dire, 55 à 65 tonnes. Les chaudieres ordinaires ſont cependant plus petites, & ne braſſent que 15 à 16 tonnes d'huile.

Ces chaudieres ſont faites de plaques de fer battu, rivées les unes aux autres; dans les grandes, la partie du fond a juſqu'à 2 pouces d'épaiſſeur, le reſte en proportion. On voit dans la Planche VI, *fig.* 1 & 2, le plan & la coupe d'une chaudiere, & la maniere dont elle eſt poſée ſur ſon fourneau qui s'allume par un ſouterrain. Il faut, pour la commodité de la manœuvre, que les bords de la chaudiere ne ſoient élevés qu'à 2 pieds & demi 3 pieds au-deſſus du niveau du pavé du hangard. Comme il s'en échappe beaucoup de vapeurs ou fumée, ſi le hangard eſt couvert d'un plancher, il faut ménager une lanterne au-deſſus; quand il n'y a pas de plancher, les vapeurs s'échappent au travers des tuiles.

Cette chaudiere doit être, autant qu'il eſt poſſible, à portée de la cîterne n°. 5, où eſt la leſſive forte.

La quantité du braſſin doit donc être, comme nous l'avons dit, proportionnée à la grandeur de la chaudiere, & à celle de la cîterne n°. 5.

Lorſqu'on veut faire un braſſin, ayant des huiles en magaſin, ainſi que de la leſſive forte dans la cîterne n°. 5, on commence par mettre dans la chaudiere à peu-près la moitié de ce qui doit entrer d'huile dans le braſſin, pluſieurs même y verſent preſque tout; enſuite on allume le feu dans le fourneau (*). Quand l'huile commence à chauffer, on y verſe deux tonnes de leſſive; & auſſi-tôt que ce premier mélange bout, on y en verſe encore deux autres. On reſte enſuite un quart-d'heure, environ, ſans y rien mettre, pour que la leſſive commence à s'incorporer avec l'huile, ce qu'ils appellent *faire la liaiſon*: à meſure que la liaiſon ſe fait, on continue de jetter de la leſſive, & on ajoute les tonnes d'huile qui reſtent.

La quantité de leſſive par rapport à celle d'huile, n'eſt pas abſolument réglée: elle varie ſuivant leur force; néanmoins, en général, on peut la compter comme de 4 à 3, c'eſt-à-dire, que ſur 30 tonnes d'huile, on en met environ 40 de leſſive; de ces 40, il s'en évapore environ cinq, puiſqu'on retire toujours d'un braſſin un dixieme en ſus du double de l'huile qu'on y a mis.

On ne doit jamais verſer la leſſive qu'en petite quantité à la fois, & la répandre ſur toute la ſuperficie de la chaudiere: à meſure que ces deux liqueurs claires & fluides ſéparément, s'uniſſent enſemble, elles s'épaiſſiſſent: quelquefois elles bouillent paiſiblement; d'autres fois elles montent en écume: alors on les bat pour abattre les bouillons, & on y verſe quelques meſures de leſſive pour les amortir, & empêcher la matiere de ſe perdre; enfin un braſſin, tant qu'il eſt ſur le feu, demande à être veillé & travaillé: c'eſt l'Art du Savonnier de le ſavoir bien conduire; & tout expérimenté qu'il ſoit, il ne peut pas répon-

(*) On ſe ſert en Flandres, pour le chauffage des chaudieres, de charbon de terre, parce qu'il eſt à beaucoup meilleur marché que le bois.

dre qu'il ne lui arrivera quelques événements par des causes qu'il n'aura pas pu prévoir.

Si l'on a commencé par mettre trop de lessive, la liaison ne se fait pas; si les lessives sont très-fortes, elles saisissent trop rapidement l'huile, & au lieu de l'épaissir, elle forme des grumeaux. On y remédie en versant dessus quelques mesures de lessive des premieres citernes qui sont plus foibles: au contraire, si les lessives sont trop foibles, la liaison est un temps infini à se faire, jusqu'à ce qu'une partie de l'eau surabondante des lessives soit évaporée, & les sels assez rapprochés pour produire leur effet de liaison sur l'huile: dans ce cas le déchet est bien plus considérable.

La vivacité des bouillons ou le levage, provient souvent de la gradation du feu, & (à ce que prétendent les Savonniers,) de la qualité des lessives, suivant les sels qu'elles contiennent.

On ne peut donc donner de regles bien précises sur la conduite du brassin. Quand la liaison est bien faite, que les grands bouillons sont passés, alors la matiere doit s'éclaircir, c'est-à-dire, que les parties de l'huile étant bien divisées par les sels, il ne doit point rester de grumeaux; on s'apperçoit de cet éclaircissement, en prenant de la matiere avec la petite cuiller nommée *éprouvette*, & la faisant couler au travers du jour. Pour que le brassin réussisse bien, cet éclaircissement est absolument nécessaire. Lorsqu'il est à son point, il ne reste plus qu'à donner à la matiere la cuisson convenable, ce qui est bien essentiel à la bonne qualité du Savon. Les Savonniers connoissent cette cuisson en examinant de la matiere refroidie: pour cela, de temps en temps, ils en prennent avec l'éprouvette, & en font couler en bande sur une tuile vernissée (*) qu'ils portent à l'air. A chaque fois qu'ils plongent l'éprouvette dans la matiere, ils ont soin d'agiter la superficie pour en écarter la mousse, ce qui leur feroit mal juger de l'épreuve. A l'épaississement, la couleur, la nature du grain, le temps qu'elle est à se figer, ils jugent de cette cuisson; ils l'éprouvent aussi en prenant de cette matiere un peu refroidie entre les doigts, & les séparant ensuite: si elle file, c'est une marque que la cuisson n'est pas parfaite; mais si elle se sépare, que son grain soit fin, sa couleur brune, alors elle est à son degré, & on retire le feu du fourneau.

Pour amortir les bouillons, & mettre la matiere en état d'être entonnée sans lui faire perdre de sa cuite ni de sa qualité, on vuide dans la cuve une tonne environ de Savon déja fait: ce Savon en fondant refroidit l'autre; & dès que les bouillons sont appaisés, on procede à vuider la chaudiere. Si le Maître Savonnier juge que cette cuisson est exactement à son point, il fait vuider la chaudiere tout de suite, & mettre le Savon dans les barils. Si, au contraire, il croit qu'un peu plus de cuisson lui soit nécessaire, il le laisse un certain temps dans

(*) Les Savonniers nomment cette tuile ou tesson de poterie vernissée, *l'écaille*.

la chaudiere, le feu étant amorti : tout cela doit dépendre de différentes circonstances. Mais en général pour la qualité du Savon, il y a moins d'inconvénient à donner plus que moins de cuisson. Le Savon pas assez cuit, tourne, se gâte ; le trop de cuisson diminue seulement la quantité, ce qui n'est pas au profit du Fabriquant.

Le temps ordinaire pour faire un brassin, est de six à sept heures ; mais cela varie suivant la force des lessives, la température de l'air, & les différents accidents qui arrivent.

A l'égard de la qualité du Savon, je ne sais pour quelle raison le plus recherché par les Marchands, est du très-brun tirant au noir ; & celui qu'on fait avec l'huile de colza, est toujours un peu bleuâtre. Les Fabriquants de Lille, une demi-heure avant que la cuisson soit finie, y versent une teinture noire pour y donner la couleur (*) qu'on desire.

Si le Savon est fait avec grande partie d'huile chaude, & que par conséquent le Fabriquant veuille le vendre comme Savon de la premiere qualité, au lieu d'y mettre de la couleur noire, il en met une bleue, pour que le Savon devienne verdâtre (**).

On vuide la chaudiere par le moyen d'un seau de cuivre *E*, *Pl. VI*, *fig.* 2, placé au bout d'une grande perche qui répond à un balancier ; l'Ouvrier avec ce seau, puise la matiere qui est encore fondue, & la verse dans une espece d'auge, (dont on voit la position dans le plan *e*, *fig.* 1, & en profil à la figure 3 *E*, qui en représente le détail en grand). Cette auge est fermée des quatre côtés ; vers le tiers de sa longueur, elle est séparée dans toute sa largeur par une plaque de cuivre *a b*, percée de trous ; en sorte que la matiere, avant d'arriver dans la troisieme partie, est obligée de passer par cette espece de crible : s'il se rencontre quelques corps étrangers, ils sont arrêtés, & le Savon passe seul. Cette plaque est mobile : (on la voit en *a b*, *fig.* 3, de face & séparée de l'auge). De cette espece de retranchement ou troisieme partie de l'auge, le Savon coule par un trou rond qui est au fond, & tombe dans le barril *h* qui est au-dessous. Lorsque le barril est plein, on bouche ce trou par le moyen d'un tampon qui a une tête *f* en dessus de la caisse, & on remet un autre barril en place.

Le barril qu'on veut emplir, se pose sur une espece de couronne de bois percée, & dont les bords sont en pente, au-dessous de laquelle est, dans une fosse, un autre baril *i* ; en sorte que s'il se renverse un peu de Savon, ou ce qui dégoutte pendant qu'on change de baril, tombe dans celui de dessous, & il n'y a rien de perdu.

Quand on met le Savon en demi-tonnes, comme elles seroient trop lourdes

(*) Pour faire cette teinture, on prend une livre de couperose verte, une demi-livre de noix de galles, une demi-livre de bois rouge ; on fait bouillir le tout dans un chauderon avec de l'eau de lessive, & on passe la liqueur par un tamis : c'est cette liqueur qu'on jette dans la chaudiere.

(**) La teinture verte se fait avec de l'indigo fondu dans de la lessive, & passé ensuite au tamis : l'usage regle les doses. Cette couleur bleue, avec le jaune du Savon, produit la couleur verte.

à

à transporter, on les arrange dans le magasin, & on emplit de petits barrils qu'on va vuider dedans.

Cette manœuvre se répete jusqu'à ce que toute la chaudiere soit vuide. Il faut que cette opération se fasse un peu promptement, sans quoi le Savon du fond seroit trop cuit, ce qui seroit toujours à la perte du Savonnier. Lorsque le brassin a été bien conduit, il ne reste rien au fond de la chaudiere.

On n'emplit pas les barrils ou tonnes par le bondon, mais par un des fonds, qu'on ne ferme que lorsque le Savon est refroidi.

A mesure que les barrils sont emplis, on les arrange debout les uns à côté des autres pour les laisser refroidir; quelquefois il leur faut 24 heures, plus ou moins suivant qu'il fait froid ou chaud. Quand la matiere est entiérement figée, on pese les barrils: s'ils sont trop pleins, on en ôte avec une truelle, sinon on en ajoute pour leur donner le poids requis; ensuite le Tonnelier leur met le fond, la marque du Fabriquant, & les empile dans le magasin.

A Lille, les barrils sont d'une demie tonne ou d'un quart de tonne: (on en voit les dimensions à la figure 3, *MNO*.) La tonne pese 300 livres de Lille, dont 40 liv. pour le fût, ce qui fait 260 livres de Savon, ou 227 livres & demie, poids de marc, la livre de Lille n'étant que de 14 onces: la demi-tonne & le quart de tonne à proportion.

On vuide les tonnes d'huile directement dans la chaudiere, par le moyen d'un moulinet ou treuil *f*, *fig.* 1, qui est placé au-dessus, & qui est représenté en grand en *H* & en *G*, *fig.* 3. Après avoir posé les crochets dans les tables aux deux extrémités de la tonne *c*, en pesant sur la corde *e*, qui se roule sur le tambour *d*, un seul homme enleve cette tonne, ou plutôt la fait glisser sur deux barres de fer inclinées *f*; lorsqu'elle est à la hauteur du bord de la chaudiere *L*, il la pousse avec une main en dedans, où elle se place toute seule en prenant son à-plomb: il lâche sa corde, & elle se soutient sur deux potences de fer *g*, qui sont en saillie dans la chaudiere; il ne lui reste plus qu'à la tourner le bondon en dessous, & elle se vuide.

On voit dans le plan, *fig.* 1, la position de ce moulinet *f*, ponctué; & à la figure 3, son détail en grand vu de face & de profil: on le place de maniere qu'il puisse se manœuvrer du dehors du hangard. Le magasin aux huiles doit aussi être le plus près qu'il est possible, comme en *D*, *fig.* 2.

A l'égard des lessives, on les tire de la grande citerne qui est au-dessous du bac n°. 5, *fig.* 1 & 2, par le moyen de la pompe portative dont nous avons parlé; & avec une gouttiere, on la conduit dans un grand cuvier *h*, *fig.* 1, qu'on place à côté de la chaudiere: c'est dans ce cuvier que l'Ouvrier la puise pour la jetter partie par partie dans la chaudiere; pour cela il se sert d'un vase rond, de cuivre, de 11 pouces de diametre & 6 de profondeur, qu'il appelle *jet*, *K*, *fig.* 3; il le prend par un manche de fer qui y est joint: ce jet est la mesure dont il se sert; car les 14 font la tonne: en sorte que par le nombre qu'il en verse, il fait celui des tonnes qu'il met dans son brassin. On voit ce jet *K*, & le cuvier *H*, dessinés à la figure 3.

Lorsqu'on veut tirer quelque partie d'eau des citernes, on se sert d'une grande cuiller emmanchée au bout d'un long bâton : on en voit aussi le dessin sur la même figuer, en *P*.

Le Savon dont nous venons de donner la fabrique, reste toujours en pâte molle, & ne peut jamais se durcir comme les Savons blancs ordinaires ; ce qui provient, je crois, de l'espece d'huile & d'alkali qu'on emploie ; celui tiré des potasses, vraisemblablement, ne se crystallisant pas si aisément que celui tiré des soudes. Si on faisoit plus cuire le Savon, il se brûleroit, se dessécheroit, mais ne pourroit jamais devenir solide ; au moins c'est ce que m'ont assuré les Savonniers.

On peut encore remarquer que par la façon de cuire les Savons en pâte, comparée à la cuisson des Savons en pain, il reste beaucoup d'eau dans le Savon en pâte, & l'union des sels avec l'huile ne peut pas être aussi intime.

On voit que ces Savons, qui ne prennent jamais assez de dureté pour être mis en pains & renfermés dans des caisses, sont nécessairement mis dans des barrils pour être transportés aux endroits où l'on en fait usage.

Après avoir rapporté la façon de faire les différentes especes de Savons qui sont en usage pour blanchir le linge, dégraisser les laines, fouler les étoffes, &c ; je vais, pour terminer l'Art du Savonnier, rapporter quelques préparations du Savon qui ont des propriétés particulieres ; mais je m'abstiendrai de m'étendre sur les usages qu'on en fait : ces détails se trouveront dans différents Arts.

XXVII. *Du Savon propre à enlever les taches.*

Nous avons dit qu'une des propriétés du Savon est de dissoudre les corps gras, ce qui fait qu'il enleve beaucoup de taches. Quand il est tombé de l'huile ou de la graisse sur une étoffe de soie, il suffit souvent d'y mettre une poudre absorbante qui se saisit de cette graisse & l'enleve à la soie ; mais si la tache est faite sur une étoffe de laine & avec une substance tenace, la poudre absorbante ne suffit pas : il faut dissoudre ce qui forme la tache ; c'est alors que le Savon est utile, principalement le bon Savon en pâte ; ou si l'on redoute son odeur, on emploie du Savon en pain : mais les Dégraisseurs attribuent plus d'efficacité au Savon dont nous allons parler.

On coupe en tranches très-minces trois livres de bon Savon ; on prend un demi-fiel de bœuf, un ou deux blancs-d'œufs, on met le tout dans un mortier avec une livre d'alun calciné & réduit en poudre : ayant bien mêlé & pilé le tout ensemble, on tient cette masse environ 24 heures dans un lieu un peu humide. Si en maniant cette pâte le mélange paroît parfait, on en fait des mottes ordinairement rondes, qu'on conserve pour l'usage ; mais si les matieres ne sont pas exactement mêlées, on tient la pâte dans un lieu sec jusqu'à ce qu'elle ait pris un peu de consistance, puis on la coupe de nouveau par tranches minces, & on la remet au mortier pour la piler de nouveau avant d'en faire des mottes.

Pour enlever une tache, on savonne à froid l'étoffe; on la frotte entre les mains pour que le Savon pénetre dans l'intérieur, & puisse bien dissoudre tout ce qu'il y a de gras: puis, pour ôter le Savon, on lave l'étoffe dans de l'eau claire, jusqu'à ce qu'elle ne la salisse plus; ordinairement la tache disparoît.

XXVIII. *Savon au miel pour la toilette.*

On coupe par tranches bien minces quatre onces du meilleur Savon blanc; on les met dans un mortier de marbre avec quatre onces de miel, une demi-once d'huile de tartre par défaillance, & quelques cuillerées d'eau de fleur-d'orange, de rose, ou d'autre qui ait une bonne odeur: on remue ce mêlange avec une spatule pour que toutes ces matieres soient bien mêlées; puis on pile fortement cette pâte pour en former une masse qu'on conserve dans des pots. Ce Savon décrasse bien la peau: il la blanchit & l'adoucit.

XXIX. *Savonnettes pour la barbe.*

Le Savon a la propriété d'attendrir les poils, & pour cette raison il est très-avantageux pour faciliter l'opération du rasoir. Le bon Savon tout pur est peut-être, à cet égard, préférable à ces boules de Savon qu'on nomme *Savonnettes*; mais on lui reproche d'avoir une odeur peu agréable.

XXX. *Des Savonnettes communes.*

Les Savonnettes communes se font avec du Savon de Marseille, & de la poudre à poudrer les cheveux, ou de l'amidon passé au tamis très-fin. La proportion de ces matieres est de trois livres de poudre sur cinq livres de Savon: on le coupe par tranches bien minces; & après qu'on l'a fait fondre seul dans un chauderon sur le feu, en y ajoutant un demi-septier d'eau pour empêcher qu'il ne brûle, on y met d'abord les deux tiers de la poudre, ayant soin de bien mêler le tout en le remuant souvent, pour empêcher qu'il ne s'attache au chauderon. Après que ce mélange est achevé, & que la matiere a été réduite en consistance de pâte, on la verse sur une planche, où, après avoir ajouté le tiers de la poudre qu'on a réservée, on la pétrit long-temps avec les mains, comme les Boulangers ont coutume de pétrir leur pâte; en cet état on la tourne dans les mains: on donne aux Savonnettes une forme ronde, & on applique la marque du Marchand avec un cachet de bois; quelques uns mettent à cet endroit une petite feuille d'étain. Il faut avoir auprès de soi de la poudre à cheveux très-fine, dont on se frotte les mains de temps en temps, pour que cette pâte, qui est très-tenace, ne s'y attache pas.

Il est certain que le bon Savon tout pur est meilleur pour attendrir la barbe que ces Savonnettes, qui sont les plus communes, puisque la poudre qu'on y met ne peut pas contribuer à attendrir les poils ; ce qu'elle peut faire, c'est de blanchir la mousse du Savon, effet qui n'est d'aucune utilité ; mais il en résulte un avantage pour le Parfumeur, parce que la poudre ne lui coûte que cinq, ou au plus six sols la livre, pendant que le Savon en coûte environ quinze : elle ne remédie pas même au défaut qu'on reproche au Savon pur, qui consiste à avoir une odeur désagréable ; mais on en trouve le débit parce qu'elles sont à quelque chose de meilleur marché que le Savon en pain.

Pour donner aux Savonnettes une forme plus réguliere, on les met, avant qu'elles soient seches & dures, entre deux calottes de bois qu'on frotte de quelque graisse pour empêcher que la pâte ne s'y attache.

On trouve aussi agréable de leur donner différentes couleurs ; pour cela on mêle des poudres broyées très-fin dans des tasses avec un peu de pâte de Savon, & en mêlant un peu de ce Savon chargé de différentes couleurs, avec la pâte, on obtient les veines qu'on desire ; mais il faut de l'habitude pour bien faire ce mélange ; & ces couleurs n'ajoutent rien à la bonté du Savon.

XXXI. *Savon en pâte pour la barbe.*

On nous apporte de Naples, pour cet usage, du Savon en pâte, dans des pots bien fermés, qui a une odeur douce très-gracieuse : je n'en sais pas la composition ; mais j'ai fait, comme M. Geoffroy, avec des crystaux de sel de soude, d'excellente huile d'olive & de l'eau de chaux, du Savon liquide dont l'odeur n'étoit pas déplaisante ; & y ayant mêlé de l'huile essentielle de cédrat, j'ai eu une pâte de Savon qui sentoit très-bon.

XXXII. *Savonnettes passées à l'eau-de-vie.*

On peut s'épargner la peine de faire le Savon, en employant de très-bon Savon blanc de Marseille, auquel on fait passer l'odeur qui déplaît. Pour cela on coupe par tranches très-minces une livre de Savon ; on met ces tranches dans une jatte de faïance : on verse dessus environ un poisson d'eau-de-vie ; vingt-quatre heures après on met ce mélange dans un mortier de marbre, & on pile le Savon pour en faire une masse d'une forme platte, qu'on met sur plusieurs feuilles de papier gris pour qu'elle se desseche. Quand elle a pris une certaine consistance, on en forme des boules dont l'odeur n'a rien de disgracieux, & si l'on veut qu'elle en ait une agréable, il n'y a qu'à mettre dans le mortier,

mortier quelques aromates, qui peuvent être des poudres d'iris de Florence, du *calamus aromaticus*, des fleurs de benjoin, du ſtorax, du ſantal-citrin, des clous de gérofle, de la cannelle, de la fleur de muſcade, &c; mais il faut que ces ſubſtances ſoient réduites en poudre impalpable, ſans quoi les Savonnettes ſont rudes ſur le viſage, & l'égratignent; c'eſt pourquoi je préfere les huiles aromatiſées par les fleurs de tubéreuſes, de jaſmin, &c; les eaux de fleur-d'orange, de roſe & de thym, &c; ou les huiles eſſentielles de cédrat, de bergamote, de citron, d'orange, &c. On peut y ajouter quelques gouttes de teinture de civette, d'ambre ou de muſc; mais je préviens qu'il faut choiſir quelques-unes de ces ſubſtances aromatiques, & n'en pas mêler enſemble beaucoup d'eſpeces différentes; il en réſulteroit quelque choſe de déſagréable: c'eſt, ſuivant moi, le défaut des Savonnettes qu'on nomme *du Serrail.* Nous en parlerons dans un inſtant.

XXXIII. *Excellentes Savonnettes aiſées à faire & de bonne odeur.*

Quelques-uns, pour former les Savonnettes, mêlent les aromates avec du mucilage de gomme adragante & des blancs-d'œufs. Je ne l'ai pas éprouvé; mais j'ai fait de très-bonnes Savonnettes tout ſimplement en coupant le Savon par tranches très-minces, les arroſant avec un peu d'eſſence de citron, pilant bien ces tranches dans un mortier, retirant la maſſe le lendemain, la coupant encore par tranches, & l'arroſant de nouveau avec un peu d'eſſence; & après avoir répété cette opération une troiſieme fois, j'en ai formé des Savonnettes qui ſe ſont trouvées très-bonnes. On m'a donné la compoſition ſuivante, ſous le nom de *Savonnettes du Serrail.*

XXXIV. *Savonnettes* dites *du Serrail.*

On prend de l'iris de Florence, une livre; benjoin, 4 onces; ſtorax, 2 onces; ſantal-citrin, 2 onces; clous de gérofle, demi-once; cannelle, un gros; un peu d'écorce de citron, une noix muſcade; le tout étant réduit en poudre très-fine, on le met avec deux livres de Savon blanc bien ſec & rapé. Quand ces matieres ont trempé pendant trois ou quatre jours dans trois chopines d'eau-de-vie, on pétrit le tout avec une pinte d'eau de fleur-d'orange; enfin on mêle avec le Savon aſſez de poudre à poudrer, pour lui donner une conſiſtance de pâte: on y ajoute de la gomme adragante & des blancs-d'œufs, pour en faire des Savonnettes.

XXXV. *Savonnettes* dites *à la Franchipane.*

On commence par faire une teinture pour donner une bonne odeur à ces Savonnettes ; pour cela on prend mahalep, 5 gros ; *calamus aromaticus* & iris de Florence, cannelle, gérofle, souchet, de chacun une once ; on met le tout concassé dans un matras sur un bain de sable avec 20 onces d'esprit-de-vin ; & quand la teinture est suffisamment forte, on la filtre & on la verse dans un matras, où l'on a mis benjoin, 6 gros ; labdanum, 4 gros & demi ; storax calamite, 3 gros : on tient le tout en digestion jusqu'à ce que tout ce qui peut être dissous le soit.

Pour faire usage de cette teinture, on prend 7 livres de Savon blanc bien sec, que l'on rape : on y ajoute, si l'on veut, 2 livres de Savon léger. Le tout étant dans une bassine d'étain, on versera dessus 4 ou 5 onces d'eau de rose ou de fleur-d'orange, avec la teinture aromatique ; on couvrira la bassine, & on la mettra au bain-marie pour que le Savon soit bien pénétré des aromates. Quand le Savon aura pris un peu de consistance, on le mettra dans un mortier de marbre qu'on aura fait chauffer, y ajoutant peu à peu une huile essentielle de lavande, ou de thym, ou de bergamote, ou de cédrat, de limette, ou du néroli, & quelques gouttes d'essence d'ambre, & du tout on formera des boules qui auront une fort bonne odeur.

Il y a eu un temps où l'on recherchoit des Savonnettes très-légeres, qui sembloient être de la mousse de Savon : on les annonçoit pour être de la pure crême de Savon.

XXXVI. *Savonnettes légeres.*

On prend, pour faire ces Savonnettes, trois livres dix onces de Savon blanc, deux livres huit onces d'eau, dans laquelle on a fait dissoudre une once 6 gros de sel marin ; après avoir filtré cette dissolution, on fait fondre le Savon dans cette eau à une chaleur douce : on bat ce Savon avec une spatule ou avec les mains, pour qu'il s'introduise de l'air dans la pâte, ce qu'on continue pendant une heure & demie ou deux heures, battant continuellement avec la main, jusqu'à ce qu'en le pétrissant légérement, il ne s'attache plus aux mains ni au vase qui le contient ; alors en frottant ses mains de poudre à poudrer, on en forme des Savonnettes ou des petits pains de Savon.

On peut mêler à cette pâte, en la battant, un peu de mucilage de gomme adragante avec quelqu'aromate. Mais les Parfumeurs y ajoutent souvent une bonne quantité de poudre à poudrer, ce qui diminue l'activité du Savon. Nous avons dit qu'en mêlant de l'eau avec le Savon, on augmentoit sa blancheur ; effectivement le Savon préparé comme nous venons de le dire, est d'une blancheur à éblouir ; mais je lui préfere les Savonnettes simples dont j'ai parlé plus haut.

XXXVII. *De l'Eſſence de Savon.*

Pour faire ce qu'on appelle l'*Eſſence de Savon*, que pluſieurs recherchent pour ſe faire la barbe, il ſuffit de diſſoudre quelques-unes des Savonnettes dont nous avons parlé, avec le double de leur poids de bonne eau-de-vie, qu'on conſerve dans une bouteille bien bouchée.

Si l'on fait diſſoudre un gros de cryſtaux de ſoude dans trois onces de bonne eau-de-vie, elle tiendra en diſſolution lympide une once deux gros de Savon blanc. Il convient de conſulter ce que M. Geoffroy dit à ce ſujet, dans le volume de l'Académie des Sciences, année 1741.

FIN.

EXPLICATION DES FIGURES.

PLANCHE PREMIERE.

LES Figures 1, 2 & 3, représentent un fourneau pour brûler le bois qui sert à faire la potasse, à en calciner les cendres, & à évaporer les lessives qu'on en a fait.

Figure 1, le fourneau vu par dehors. *A*, la porte du cendrier. *B*, la porte qui répond à la fournaise, ou à l'endroit où l'on brûle le bois sur une grille de fer. *C*, porte qui répond à une chambre où l'on met les cendres qu'on veut calciner ; c'est par cette porte qu'on les met dans le fourneau, & qu'on les retire quand elles sont calcinées : on la ferme quand on allume le fourneau. *D*, ouverture qui répond à un tuyau de cheminée, & par laquelle s'échappe la fumée. *E*, partie d'une des chaudieres dans lesquelles on évapore les lessives.

Figure 2, coupe transversale du même fourneau. *F*, la capacité du cendrier. *H*, le bois qui brûle dans la fournaise : on voit au-dessous de la grille les cendres qui tombent comme par gouttes dans le cendrier. *I*, le laboratoire où l'on met, sur la voûte les cendres qu'on veut calciner. *K*, la partie d'une chaudiere à évaporer qui répond dans le laboratoire. *L*, partie de la même chaudiere qui est au-dessus du fourneau : elle est cottée *E* à la premiere figure.

Figure 3, coupe longitudinale du même fourneau. *A*, la porte du cendrier. *F*, la capacité de ce cendrier. *B*, la porte de la fournaise. *G*, grille sur laquelle on met le bois que l'on brûle. *H*, capacité de la fournaise. *M*, voûte sous laquelle on brûle le bois. *P*, petite ouverture qu'on tient ouverte pendant qu'on allume le feu, & qu'on ferme quand le feu est allumé. *N*, ouverture par laquelle la flamme, la fumée & l'air chaud passent de la fournaise *H* dans le laboratoire *I*, où sont les cendres qu'on veut calciner. *C*, ouverture qu'on ouvre pour mettre dans le laboratoire les cendres qu'on veut calciner, & par laquelle on les retire : on la ferme quand le feu est allumé. *D*, ouverture par laquelle s'échappe la fumée *Q* : elle répond à un tuyau de cheminée. *K*, le fond des chaudieres dans lesquelles on met la lessive qu'on veut évaporer. Ainsi il faut concevoir que le bois brûle sur la grille *G* ; que les cendres de ce bois tombent dans le cendrier *F* ; que la flamme, l'air chaud & la fumée, passent par l'ouverture *N*, dans la capacité *I* ; qu'elle y calcine les cendres & qu'elle chauffe les chaudieres *K*, *K*, puis s'échappe dans un tuyau de cheminée qui est en *D Q* ; & plus ce tuyau a de hauteur, plus le feu a d'activité.

A la Figure 4, on a représenté les instruments qui servent dans une Fabrique où où l'on fait du Savon en pain. *A*, fourgon de fer qui sert à attiser le bois dans le fourneau & à remuer la braise. *B*, regle de bois pour tracer sur le Savon qui est aux mises, les endroits où il faut le couper. *C*, matras; c'est un barreau de fer qui porte à un de ses bouts une tête de fer qu'on garnit de linge ou d'étoupes, pour fermer le tuyau qu'on nomme l'*épine*. *D*, rouable ou redable qui sert à brasser la pâte du Savon, quand on en fait de marbré. *E*, pelle creuse qui sert à rassembler les substances qui doivent fournir la lessive. *F*, pelle de fer avec laquelle on mêle la chaux avec les substances salines qui doivent fournir la lessive. *G*, grosse masse pour rompre la barille, la bourde & la chaux. *K*, truelle pour parer les pains de Savon. *L*, planchette pour unir la pâte de Savon, quand on la met aux mises. *M*, pelle de fer pour lever les pains de Savon qui sont sur les mises. *N*, sorte de rateau à dents de fer, pour tracer sur les gros pains de Savon les endroits où il faut les couper. *O*, gros pain de Savon où l'on a tracé, sur une de ses faces, les endroits où il faut le couper. *P*, autre gros pain de Savon qui est tracé sur deux de ses faces, pour former de petits pains façon de Gayette. *Q*, vase de cuivre qu'on nomme *pot d'eau*, qui sert à puiser de l'eau ou des lessives. *R*, autre vase à peu-près pareil, qu'on nomme *poidou*, & qui sert à puiser la pâte de Savon. *S*, couteau pour couper le Savon. *T*, vase de bois nommé *cornude*, qui sert à bien des usages. *V*, fil de laiton qui a à un bout un manche de bois, à l'autre un bouton, pour couper les tables de Savon en petits pains. Lorsque les pains sont fort petits, on se sert ordinairement du fil de laiton *X*. *Y*, vase de cuivre qu'on nomme *servidou*: son usage le plus ordinaire est de porter la pâte de Savon sur les mises. *Z*, jarre ou millerolle, vase de terre dans lequel on dépose l'huile quand on ne la met pas dans les piles.

PLANCHE II.

ON y a représenté séparément, & assez en grand, plusieurs établissements qui sont nécessaires pour la Fabrique du Savon. La Figure premiere est destinée à filtrer les lessives.

A, des compartiments quarrés, qu'on nomme en Provence *bugadieres*, dans lesquels on met les substances salines & la chaux dont on veut extraire la lessive. *FF*, est une gouttiere qui est destinée à distribuer aux bugadieres l'eau qu'on tire d'un puits; pour cela on ouvre ou l'on ferme des robinets de bois *G*, suivant qu'on veut arroser une bugadiere ou une autre. Quand cette eau a traversé les substances qui sont dans la bugadiere, & qu'elle en a dissous les sels, on ouvre un des robinets *D D*, pour que la lessive tombe dans le récibidou ou la citerne. *B B*, qui est en terre, le niveau du pavé étant indiqué par la ligne *c c*; la lessive tombe donc dans le réservoir par les ouvertures *E*, *E*, & c'est aussi par ces ouvertures qu'on la retire avec le poëlon *Q*, *Pl.* I, *fig.* 4; mais chaque robinet répond à une citerne particuliere pour recevoir séparément les lessives fortes & les foibles.

La Figure 6 repréſente en plan l'embouchure d'une chaudiere *h h*, qui eſt formée par un rang de pierres de taille. *e*, eſt la place du tuyau de cheminée. *Q Q*, l'embouchure de deux réſervoirs à huile, ou piles, qui ſont établis entre les chaudieres.

La Figure 5 repréſente en élévatiou une chaudiere en place. *h h*, la chaudiere établie dans un maſſif de maçonnerie *p p*. On a ménagé entre les chaudieres des cîternes ou piles à l'huile, dont on voit les ouvertures en *Q Q* : on voit en *n n*, une plate-bande ſur laquelle on monte pour ſervir les chaudieres, & en *m*, une marche pour y arriver. *K K*, eſt la voûte qui précede la bouche du fourneau *b b* : on y voit un travers de bois ſupporté par deux fortes barres de fer ou landiers : cette barre de bois fournit un point d'appui au fourgon, lorſqu'on attiſe le feu.

La Figure 3 eſt la coupe du fourneau à la hauteur *K K* de la figure 5. *c*, eſt la grille ſur laquelle on met le bois. *b*, la bouche du fourneau avec les landiers. *d d*, arcade pour mettre le bois ſur la grille du fourneau. *e e*, conduite au tuyau pour la décharge de la fumée. *h h*, maſſif de maçonnerie dans lequel eſt la chaudiere. *p*, *p*, piles à l'huile qui ſont pratiquées entre les chaudieres. *i*, tuyau de 2 & demi à 3 pouces, qui répond à la chaudiere, & qui ſert à faire écouler les leſſives qui ont perdu leur force : on le nomme l'*épine* ; il eſt fortifié d'un cercle de fer du côté de la chaudiere, & il aboutit à une auge de pierre *k*, où ſe fige le Savon qui s'eſt écoulé avec les leſſives. *O*, eſt la grande voûte qui précede l'embouchure du fourneau : elle eſt repréſentée en *K K* à la figure 5.

La Figure 2 eſt la coupe du fourneau par la ligne *B B* de la figure 3. *O*, la voûte qui précede l'entrée du fourneau *b* : on met le bois par l'arcade *dd*. *c c*, grille ſur laquelle on met le bois. *e e*, tuyau de cheminée. *h h*, la cuve. *i*, le tuyau qu'on nomme l'*épine*, pour faire appercevoir où il aboutit dans la chaudiere. *a a*, le fourneau dont on voit l'intérieur par le côté.

Figure 4, la coupe du plan *fig.* 3, par la ligne *D*, *D*. *e*, le tuyau de la cheminée par où ſe diſſipe la fumée. *i i*, le fond de la chaudiere qui eſt en cuivre, & qu'on nomme *le chauderon*. *i h*, *i h*, la partie de la chaudiere qui eſt en brique. *b b*, le fourneau : on voit en *a* le cendrier, l'ouverture d'en bas de la cheminée, & la grille où l'on met le bois. *p*, *p*, les piles à l'huile. *Q*, *Q*, leurs ouvertures.

PLANCHE III.

On y voit repréſenté le plan d'une grande Fabrique de Savon ; & après les détails que nous avons donnés, nous comptons que tout y ſera intelligible.

A A A A, eſt une premiere enceinte. *B B B B*, ſeconde enceinte qui renferme véritablement la Fabrique. 1, eſt la ſeule porte de la premiere enceinte : il y a une rue qui regne tout au pourtour ; & en 2, 2, une cour qui précede l'entrée 4 de la Fabrique : aux deux côtés de cette cour, sont deux corps de bâtiments 3 & 3, qui servent de magasins pour mettre la barille, la bourde & les cendres du Levant. Comme c'est dans ces endroits qu'on casse & qu'on pile les différentes matieres qui doivent fournir la lessive, on les nomme en Provence *les picadous.* Il y a en 5, 5, des portes pour communiquer des picadous dans la Fabrique ; & 4 indique, comme je l'ai dit, la principale entrée de la Fabrique.

Les chiffres 7, indiquent 18 bugadieres, & 8, les récibidous : il y en a deux pour chaque bugadiere, afin de distinguer la lessive forte qui coule la premiere, de la foible qui coule ensuite.

9, 9, 9, sont des marches pour monter au niveau des chaudieres 10, qui sont ici au nombre de six.

Les chiffres 11, indiquent les endroits où sont des piliers de pierre qui soutiennent la charpente & les poutres d'un grenier qui est au-dessus de la Fabrique.

Les chiffres 12, indiquent des soupiraux grillés, pour donner du jour aux souterrains où sont les bouches des fourneaux. 13, sont les mises où l'on étend la pâte du Savon pour qu'elle se raffermisse. 14, sont des ouvertures qui répondent à des piles à l'huile qui sont dessous. 15, des degrés pour descendre aux souterrains ; & 18, des degrés pour monter à l'étage qui est au-dessus de la Fabrique. 19, puits pour fournir de l'eau aux bugadieres. Les lignes ponctuées 20, indiquent les tuyaux qu'on nomme *épines*, & qui servent à l'écoulement des lessives qui sont épuisées. Tout ce qui est ponctué ne fait qu'indiquer des objets qui sont en terre ; ces mauvaises lessives se rendent par les tuyaux 20, dans des réservoirs 21, où elles séjournent un peu de temps, pour qu'en se refroidissant, le Savon qui a coulé avec la lessive se fige, & qu'on puisse le retirer avec une cuiller percée : cette lessive passe du réservoir 21, par le tuyau 22, & se rend dans un autre réservoir 23 ; puis enfin s'écoule à la mer par un aqueduc 24, 25, &c.

PLANCHE IV.

La Planche IV représente une Fabrique de Savon en action. On voit en élévation ce qu'on vient de représenter en plan.

A B, sont sept bugadieres : on voit du côté de *B*, des Ouvriers qui chargent ou remplissent la premiere bugadiere. Plus loin, *C*, est un homme qui, avec une pelle de fer, vide une bugadiere ; au-dessous sont des bêtes de charge qui ont des bachottes, & un homme *D*, qui les remplit des cendres usées pour les porter dehors. On voit en *E*, les ouvertures qui répondent aux récibidous ou citernes, & un Ouvrier qui, avec un pot d'eau *Q*, *Pl.* I, *fig.* 4, puise de la lessive dans un récibidou, & la verse dans un servidou *Y*. Même figure, en *F*, est un homme qui tire de l'eau d'un puits, & la verse dans une bache, à laquelle est adapté un tuyau qui transporte cette eau dans les bugadieres qui en ont besoin, en ouvrant le robinet qui y répond.

On voit dans le fond cinq chaudieres 1, 2, 3, 4 & 5, & entr'elles quatre piles à l'huile; de plus, un grand nombre de jarres ou de millerolles remplies d'huile, & au-dessous les bouches de deux fourneaux, avec des Ouvriers qui sont occupés soit à attiser le feu, soit à prendre l'épreuve du Savon, soit à verser de la lessive dans une chaudiere, soit à transporter des barilles. En *G*, un Ouvrier brise de la chaux. En *H*, d'autres pesent des pains de Savon. En *K*, des femmes les transportent au magasin. En *L*, est un cheval chargé de cendres du Levant; & en *M*, des hommes transportent différentes matieres aux endroits où l'on en a besoin. Depuis *N* jusqu'en *O*, sont les mises: on voit des Ouvriers qui versent la pâte dessus, d'autres qui la mettent d'épaisseur avec la planchette *L*, *Pl.* I, *fig.* 4; un qui étant assis sur le Savon, le coupe, suivant sa longueur, avec un grand couteau; & d'autres qui, avec des couteaux moins grands, les coupent en travers.

Sur le devant de la Planche, en *p*, un Ouvrier coupe les tables de Savon dans un moule que nous avons décrit ailleurs, & un autre applique la marque du Fabriquant. En *Q*, les uns tirent du bois du bûcher, & d'autres le fendent pour le disposer à être mis aux fourneaux. Au-dessus de cette Fabrique est un grenier où l'on dépose des millerolles pleines d'huile, & où quelquefois les Ouvriers se retirent pour prendre du repos.

PLANCHE V.

La Planche V est destinée à représenter une petite Fabrique de Savon en pâte.

A la Figure 1, tous les objets sont représentés en plan. *A*, *B*, *C*, *D*, quatre tonnes qui sont destinées à couler la lessive; en *E*, *F*, *G*, *H*, les cîternes qui la reçoivent. *K K*, *L L*, sont les pieces de bois ou les chantiers qui supportent les tonnes. *M*, est la chaudiere. *O*, est une couche de potasse & de chaux pour faire le levain.

La Figure 2 représente les mêmes objets coupés par la ligne *M N* du plan.

A B C D, la coupe des tonnes. *E F G H*, la coupe des cîternes. *a*, *b*, *c*, *d*, les barres de fer qu'on éleve quand on veut que la lessive des tonnes coule dans les cîternes, & qu'on abaisse quand on veut que le levain reste en trempe. *M*, la coupe de la chaudiere. *N*, celle du fourneau. *O*, la grille sur laquelle on fait le feu. *P*, le tuyau pour la décharge de la fumée. *Q Q*, le pavé ou le niveau du terrein. Tout ce qui est au-dessous, est en terre.

La Figure 3 représente les mêmes objets de profil ou en élévation.

A, *B*, *C*, *D*, Les tonnes établies sur leurs cîternes. *M*, la cuve où l'on fait la cuite. *F*, Ouvrier qui tire le Savon de la chaudiere; il le verse dans une espece

espece de gouttiere qui la rend dans un poëlon que présente l'Ouvrier qui la transportera dans les barrils. *I*, barril d'huile ou de Savon. *K*, homme qui tire de l'eau pour en fournir à la derniere tonne, qui ne peut pas être chargée avec de la lessive foible. *L*, magasin.

PLANCHE VI.

A la Figure 1, tous les objets sont représentés en plan. 1, 2, 3, 4, 5, bacs où l'on fait les lessives; dessous sont les cîternes où coulent les lessives. *a*, trapes qui répondent aux cîternes; leur étendue est indiquée par des lignes ponctuées *d* ou *a*. La trape de la cîterne 3 est ouverte, & on y voit une pompe qui sert à transporter l'eau de la cîterne 3, dans le bac 4. *b*, indique les endroits où sont des tringles de fer qui servent à ouvrir & fermer la soupape du fond des bacs, lorsqu'on veut tenir le levain en trempe, & à les ouvrir lorsqu'on veut que la lessive s'écoule dans les cîternes. En *A*, est le magasin aux potasses, & l'endroit où l'on prépare le levain. *L*, est la chaudiere. *e*, auge pour tirer le Savon des cuves lorsqu'il est cuit. Cette auge sera représentée à part, & détaillée. *f*, moulinet pour transporter les barrils d'huile aux chaudieres: cette machine sera représentée en grand à la figure 3. *g*, tuyau pour la décharge de la fumée. *D*, magasin au Savon. *h*, cuvier où l'on dépose de la lessive pour en avoir à portée de la chaudiere quand on en a besoin. *i*, pompe qui répond dans un puits qui sert à fournir de l'eau douce au bac n°. 1.

A la Figure 2, les mêmes objets sont représentés en élévation par une coupe de l'attelier sur la ligne *A B* & *C D*, du plan. 1, 2, 3, 4, 5, sont les cîternes qui sont placées sous les bacs. Celle cottée 5, contenant la forte lessive qui est filtrée dans le cinquieme bac, est une fois plus grande que les autres.

La partie *A B*, qui est une coupe sur la ligne *A B* du plan, représente l'élévation de quatre bacs. *a*, sont les trapes qui communiquent aux cîternes, & qui sont indiquées par les mêmes lettres sur le plan. Auprès de *B*, est la pompe qui est représentée en plan auprès de *B*: elle sert à transporter la lessive de la cîterne 3, dans le bac 4, & ainsi des autres; car on transporte cette pompe où l'on veut en l'attachant aux poteaux *k*, qui sont établis auprès de chaque bac *a*. *b*, *b*, sont des tringles de fer qui enfilent un tuyau: en les élevant on ouvre une soupape, & la lessive passe des bacs dans les cîternes; en les abaissant, on ferme cette communication, & le levain reste en trempe.

Nota qu'en cet endroit la coupe est prise sur la ligne *B C* du plan, & que la cîterne *d e*, du bac 5, est une fois plus grande que les autres.

l, indique le niveau du pavé; ainsi les cîternes & une partie des bacs sont en terre.

L, est la chaudiere: *nota* que sa coupe est prise sur la ligne *C D* du plan. *m*, le cendrier. *n*, le fourneau. *o*, soûterrain par lequel on allume le fourneau.

p, porte du cendrier pour donner de l'air au fourneau. *q*, porte par laquelle on met le bois dans le fourneau. *g*, tuyau pour la décharge de la fumée. *D*, magasin au Savon. *E*, ſeau de cuivre à baſcule pour vuider la chaudiere.

La Figure 3 eſt deſtinée à faire voir, plus en grand & plus en détail, les uſtenſiles dont il a été parlé. *G H*, moulinet pour vuider les tonnes d'huile dans les chaudieres. Il eſt repréſenté en plan à la figure 1, & déſigné par la lettre *f*: on le voit de face en G, & de profil en *H*. *a*, treuil ſur lequel ſe roule la corde *b*, qui ſupporte la tonne *c*. *d*, eſt un tambour de bien plus grand diametre que le treuil *a*, & ſur ce tambour eſt roulée la corde *e*: il eſt clair qu'en halant ſur la corde *e*, on fait tourner le treuil *a*, ſur lequel ſe roule la corde *b*; & la tonne *c* eſt élevée ſur le plan incliné *f*, & va d'elle-même ſe placer ſur la conſole *g*, qui eſt en ſaillie dans la cuve *L*.

E, coupe de l'auge cottée *e* au plan: elle ſert à porter le Savon de la chaudiere *L* dans le barril 5. *c d*, eſt la même auge vue en plan; le deſſus eſt couvert depuis *a* juſqu'en *d*. En *a b*, eſt une plaque de cuivre percée de trous pour arrêter les ſaletés qui pourroient ſe rencontrer dans le Savon. Cette paſſoire eſt repréſentée à part en *a b*. En *e*, eſt un trou par lequel coule le Savon dans le barril *h*; & quand on veut, au moyen du tampon *f*, on l'empêche de couler.

On puiſe le Savon dans la chaudiere *L*: on le verſe dans l'auge *c d*; quand il a paſſé par la paſſoire *a b*, il s'écoule par un trou qui eſt en *e*, & tombe dans le barril *h*. Au-deſſous eſt un autre barril pour recevoir ce qui pourroit ſe renverſer.

H, cuvier qui eſt cotté *h* au plan, *fig.* 1: on y dépoſe la leſſive forte avant de la mettre dans la chaudiere *L*. *K*, vaſe de cuivre qu'on nomme *jet*: il eſt jaugé ayant 11 pouces de diametre, ſur 6 de profondeur: il en faut 14 pour remplir une tonne. On s'en ſert pour remplir la chaudiere, & ſavoir combien on y met de leſſive.

M, tonne: elle a 27 pouces de hauteur de jable en jable, 18 pouces de diametre au bouge, & 16 pouces aux jables.

N, barril ou quart de tonne: il a 16 pouces de hauteur de jable en jable, 12 pouces de diametre au bouge, & 11 pouces au jable.

O, demi-quart: il a 13 pouces de hauteur, 10 pouces de diametre au bouge, & 9 pouces au jable.

P, eſt une cuiller pour tirer la leſſive des citernes.

Q, éprouvette pour examiner quand la cuite eſt faite.

R, indique la forme du baſſin de cette éprouvette.

S, teſſon de pot, ou tuile verniſſée, ſur laquelle on verſe le Savon qu'on a puiſé avec l'éprouvette *Q*, pour connoître ſi la pâte eſt bien liée.

Fin de l'Explication des Figures.

EXPLICATION
DE QUELQUES TERMES *PROPRES* A L'ART DU SAVONNIER.

A.

Alkali. Le sel alkali est une substance âcre, qui se dissout dans l'eau, & fermente vivement avec les acides, *page* 1.

Anses de la chaudiere. On appelle ainsi les bords du chauderon des Savonniers, qui sont renversés & applatis comme le bord d'un chapeau, 14.

B.

Barille, herbe des Indes, de laquelle on retire la Soude d'Alicante qui sert pour les Manufactures de Verre & de Savon, 4, 6.

Bourde, espece de soude de moins bonne qualité que celle qui provient du kali, 4, 6.

Brassin. On appelle ainsi la quantité de Savon qu'on cuit à la fois, 52.

Bûche d'airain. Les Savonniers appellent ainsi une jauge de cuivre, qui leur sert à régler l'épaisseur des pains de Savon sur les mises, 31.

Bugadiere ou *cuvier*, compartiments dans lesquels on met le mélange des substances salines & de chaux, dont on veut tirer la lessive, 13.

C.

Cairon, nom que les Provençaux donnent à une pierre de taille blanche & dure, qui sert à former les bords de la chaudiere des Savonniers, 15.

Campane, nom qu'on donne en Provence à la chaudiere dont les Savonniers se servent pour cuire le Savon, 14.

Casse, poëlon de cuivre servant à puiser le Savon ou l'eau pour arroser la chaux, 13.

Cendrée de Tournay, mélange de menus morceaux de chaux avec les cendres de la houille, dont on se sert à Tournay pour cuire la chaux. Cette substance fait d'excellent ciment, 47.

Cendres du Levant. On appelle ainsi la cendre qui se fait, pour la plus grande partie, avec une plante appellée *roquetta*, 5.

Chauderon, potasse en chauderon. Voyez *Salin*, 9.

Chaux, pierre ou marne qu'on a calcinée en la faisant brûler ou cuire à grand feu dans un four bâti exprès, *page* 11.

Colza, espece de chou qu'on cultive dans les Pays-Bas, dont la graine rend beaucoup d'huile, 40.

Cornude, broc ou seau de bois, servant à porter les lessives, l'huile ou l'eau, 13.

Crue, eau crue. On donne ce nom aux eaux dures, & dans lesquelles le Savon se dissout mal, 48.

Cuviers. Voyez *Bugadieres*, 13.

Cyzagans, grandes pieces fort aérées, dans lesquelles les Manufacturiers de Savon en Provence, déposent leurs pains de Savon pour qu'ils se desséchent, 18.

D.

Deliquium. (tomber en) On dit qu'une substance tombe en *deliquium*, quand, après avoir attiré l'humidité de l'air, elle se fond, 8.

E.

Ecaille, tesson de pot, ou tuile vernissée, sur laquelle on fait couler une bande de matiere de Savon, pour s'assurer si elle est cuite, 51.

Epine, tuyau ajusté au chauderon, qu'on ouvre quand on veut laisser écouler les lessives usées, 12.

Eprouvette, cuiller de fer avec laquelle on prend de la pâte de Savon dans la chaudiere, pour s'assurer si elle est suffisamment éclaircie, 51.

F.

Fauque, petit chevron de bois qui ferme l'extrémité des mises, 31.

Flaquer. On dit que la cuite de Savon flaque, quand elle s'affaisse & reste comme immobile dans la chaudiere, 27.

Fourgon, barre de fer terminée en crochet, qui sert à arranger les bûches dans le fourneau, 12.

G.

Gayette, (façon de) nom qu'on donne aux petits pains de Savon qu'on envoie à Bordeaux, *page* 32.

Grener. On dit que l'huile grene, lorſqu'elle ſe congele, & forme comme des petits grains, 22.

H.

Huiles chaudes. On appelle ainſi dans les Savonneries de Flandres, les huiles de lin, de chenevis & d'œillet, 45.

Huile froide. Les Savonniers de Flandres appellent *huiles froides*, celles qu'ils retirent du colza & de la navette, 45.

Huile groſſan. On donne ce nom en Provence, à l'huile, quand elle eſt fort craſſeuſe & fort épaiſſe, 25.

Huile jaune. On appelle ainſi en Picardie, les huiles qu'on retire du lin, du chenevis & de l'œillet, 45.

Huile verte. Les Picards nomment *huile verte*, les huiles de colza & de navette, 45.

Humecter le Savon; c'eſt jetter de la ſeconde leſſive ſur la cuite de Savon, 27.

J.

Jarre. Voyez *Millerolle*.

Jet, vaſe de cuivre de figure ronde, dont on ſe ſert dans les Savonneries de Lille, pour tranſporter la leſſive dans la chaudiere, 52.

K.

Kali, plante qu'on cultive particuliérement en Eſpagne, & qui fournit la meilleure ſoude, 5.

L.

Lampante. On appelle ainſi l'huile d'olive qui eſt bien claire & bien purifiée, 4.

Leſſives graſſes. Les Savonniers appellent ainſi les leſſives qui s'écoulent du Savon qu'on a mis aux miſes, 21.

Levage. Les Savonniers ſe ſervent de ce terme pour exprimer la vivacité des bouillons qui s'élevent au-deſſus de la chaudiere, 51.

Levain; c'eſt le mélange de la chaux avec le ſel alkali dont on doit retirer la leſſive, 41.

Levant. (cendres du) Voyez *Cendres*.

Liaiſon; (faire la) c'eſt lorſque la leſſive commence à s'incorporer avec l'huile, 50

Liquidation; c'eſt donner différentes cuites & décuites à la pâte de Savon, 28.

Liquide. On a coutume d'appeller *Savon liquide*, un Savon mou comme de la glu : on devroit plutôt l'appeller *Savon en pâte*, 43.

M.

Malon, terme Provençal qu'on croit être une corruption de moëlon. Ce ſont des briques qui ſervent en partie à former la chaudiere des Savonniers, *page* 14.

Matras, barreau de fer un peu courbe, qui ſert à fermer ou à ouvrir l'épine, 12.

Millerolle. On appelle ainſi un vaſe de terre verniſſé, dans lequel on met l'huile d'olive, 35.

Miſes, ſortes de caiſſes de bois, dans leſquelles on met le Savon nouvellement cuit, pour qu'il s'y affermiſſe, 30.

Modele de Fabrique, ſorte de table qui ſert à couper les pains de Savon, 32.

Moreſque, pierre noire, dure & point fragile, ſur laquelle on briſe les matieres ſalines qui doivent ſervir à faire la leſſive, 16.

N.

Natrum, *Natron* ou *Anatrum*, ſel naturel abſolument ſemblable au ſel alkali de la ſoude : quelques-uns l'ont appellé *ſoude blanche*, 7.

O.

Orpiment; c'eſt une combinaiſon du ſoufre avec l'arſenic, 34.

P.

Peſe-liqueur, inſtrument qui ſert à meſurer la peſanteur des liqueurs, en s'enfonçant davantage dans celle qui eſt la plus légere, 48.

Picadou. On appelle ainſi en Provence l'endroit, dans une Fabrique de Savon, où l'on briſe les bourdes, les ſoudes & les cendres, 16.

Piqueur, Ouvrier qui, dans une Savonnerie, briſe les ſubſtances ſalines ſervant à faire la leſſive, 16.

Potaſſe, ſel akali qu'on retire de pluſieurs bois qu'on brûle, & dont on calcine les cendres, 7.

Pozzolane, eſpece de ſable qui vient d'Italie, & ſert, avec la chaux, à cimenter les ouvrages de maçonnerie conſtruits dans l'eau, qu'on veut qui durent long-temps, 14.

R.

Récibidou. On appelle ainſi en Provence la citerne ou réſervoir dans lequel coule la leſſive au ſortir des cuviers, 13.

Régler les pains; c'eſt marquer les endroits où l'on doit couper les pains de Savon, 12.

Roquette, plante aſſez commune qu'on brûle, & dont les cendres contiennent des ſels qui ſervent pour les leſſives des Savonniers. On donne auſſi ce nom à de petits grains durs qui

ſe

se trouvent dans ces cendres, & qu'on estime plus que le reste, 5.

Rouable ou *Redable*, barre de fer qui sert à tirer la cendre ou le feu du fourneau des Savonniers, 12.

S.

Salicot, plante qui croît naturellement au bord de la mer, & qu'on brûle pour en retirer une espece de soude qu'on nomme aussi le *Salicot*, 6.

Salin, sorte de potasse qu'on a fait calciner dans un fourneau, 9

Sapo tartareus, substance savonneuse formée par une huile essentielle & de l'huile de tartre, 2.

Saponification, terme emprunté du latin, par lequel on exprime le résultat que produit le mélange des sels alkalis avec les substances grasses, 1.

Sarion. On appelle ainsi en Provence une natte qui sert à emballer & envelopper la barille, 19.

Savon, pâte qui résulte du mélange des huiles avec les sels alkalis, & qui sert à blanchir le linge & à d'autres usages, 1.

Savonnerie, grand bâtiment où l'on a établi les fourneaux, cuves, réservoirs à huile & à soude, & généralement tous les ustensiles & atteliers nécessaires à la Fabrique du Savon, 16.

Savonnette, boule de Savon préparée, dont on se sert pour faire la barbe, & laver le visage & les mains, 55.

Servidou, chauderon de cuivre à oreilles, pour porter le Savon cuit en pâte aux mises, 13.

Sophistiqué, (Savon) On appelle ainsi du Savon dans lequel on a fait entrer un mélange de différentes substances qui augmentent le poids du Savon, ou qui en alterent la qualité.

M. Guesnon a lu à l'Assemblée publique de l'Académie des Sciences de Rouen, tenue à la Saint-Martin 1771, un Mémoire sur une falsification du Savon blanc de Marseille. Pour mettre les Consommateurs en garde contre cette supercherie, il indique à quelles marques on peut connoître le Savon sophistiqué de celui qui ne l'est pas. Voici la note qu'on trouve à ce sujet dans l'Avant-coureur du 6 Avril 1772.

1°. Ce Savon fermente vivement avec les acides.

2°. Sa dissolution dans l'esprit-de-vin reste louche.

3°. Il donne simplement à l'eau une couleur d'opale.

4°. La coupe n'est pas luisante, & elle a un œil mat.

5°. En le roulant entre les doigts il se brise au lieu de se pêtrir.

M. Guesnon dit, comme l'avoit dit M. Demachy, & comme on en est persuadé depuis long-temps, que les huiles les plus visqueuses sont les plus propres à la saponification, 29.

Soude, substance saline dure & en forme de pierre, qu'on retire du kali en calcinant ses cendres. Il y a une soude beaucoup moins parfaite qu'on retire du varech, 4.

T.

Tierçon, petite caisse de bois de sapin, dans laquelle on envoie le Savon en pains, 32.

Fin de l'Explication des Termes.

EXTRAIT DES REGISTRES

DE L'ACADÉMIE ROYALE DES SCIENCES.

Du 16 Juillet 1774.

Messieurs FOUGEROUX & CADET, qui avoient été nommés pour examiner la *Description de l'Art du Savonnier*, par M. DUHAMEL, en ayant fait leur rapport, l'Académie a jugé cet Ouvrage digne de l'impression : en foi de quoi j'ai signé le présent Certificat. A Paris le 13 Août 1774.

Signé, GRANDJEAN DE FOUCHY,
Secrétaire perpétuel de l'Académie Royale des Sciences.

DE L'IMPRIMERIE DE L. F. DELATOUR. 1774.

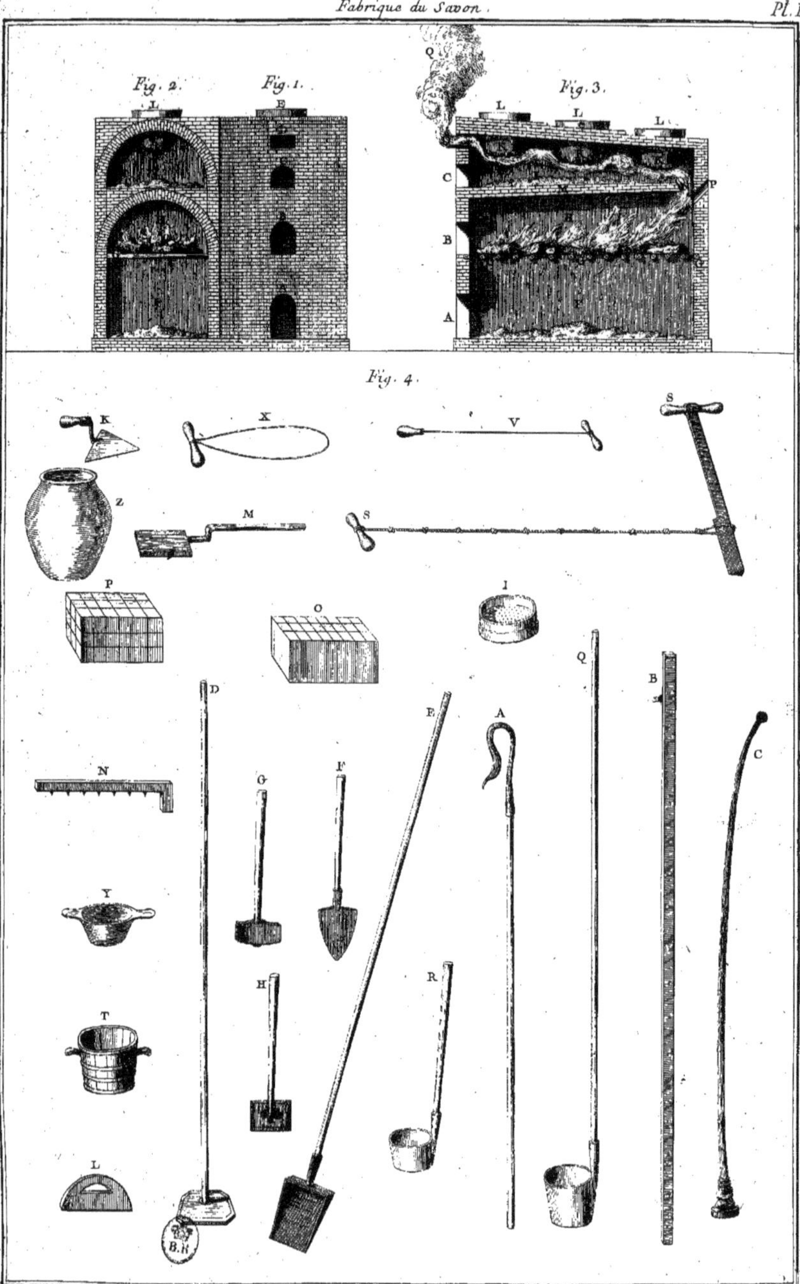

Dessiné et Gravé par N. Ransonnette.

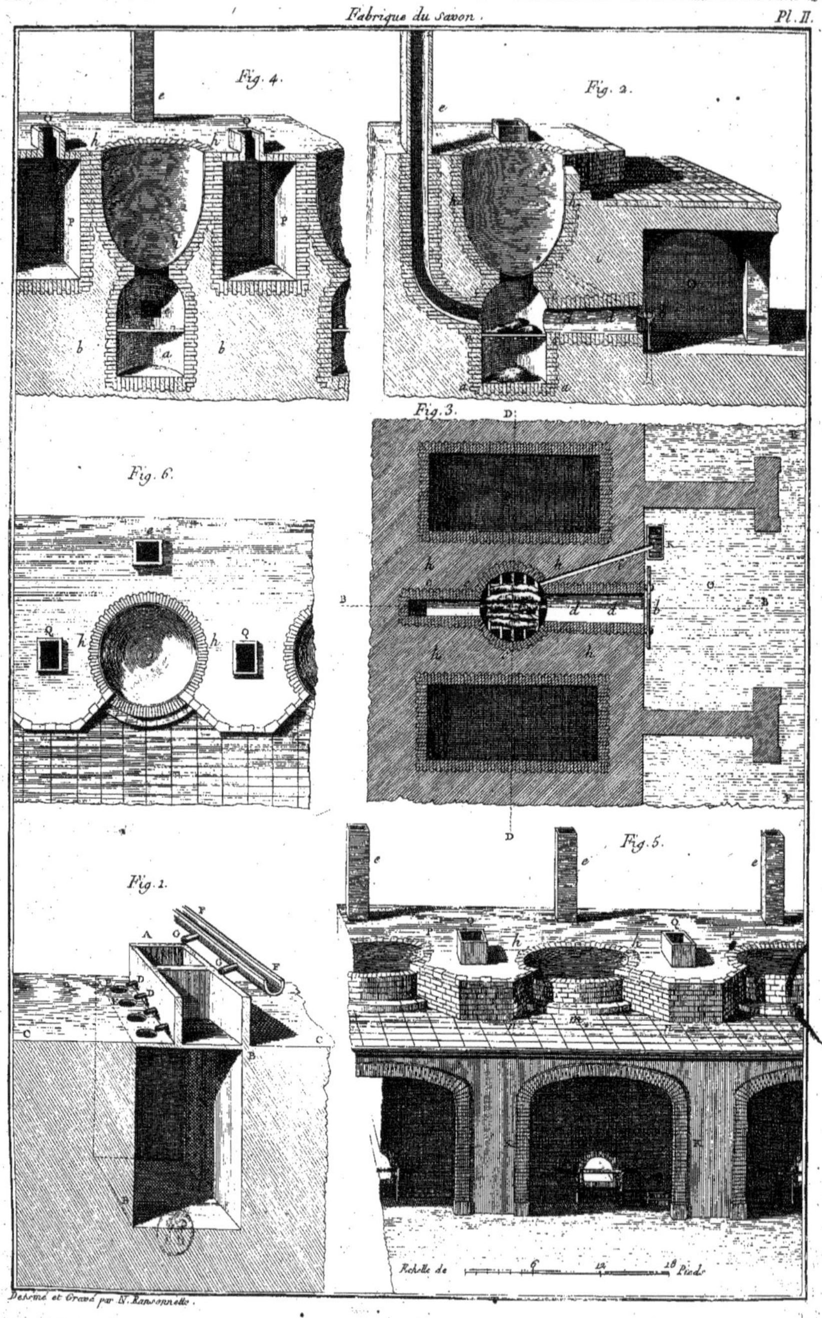

Dessiné et Gravé par N. Ransonnette.

Fabrique du Savon Pl. III

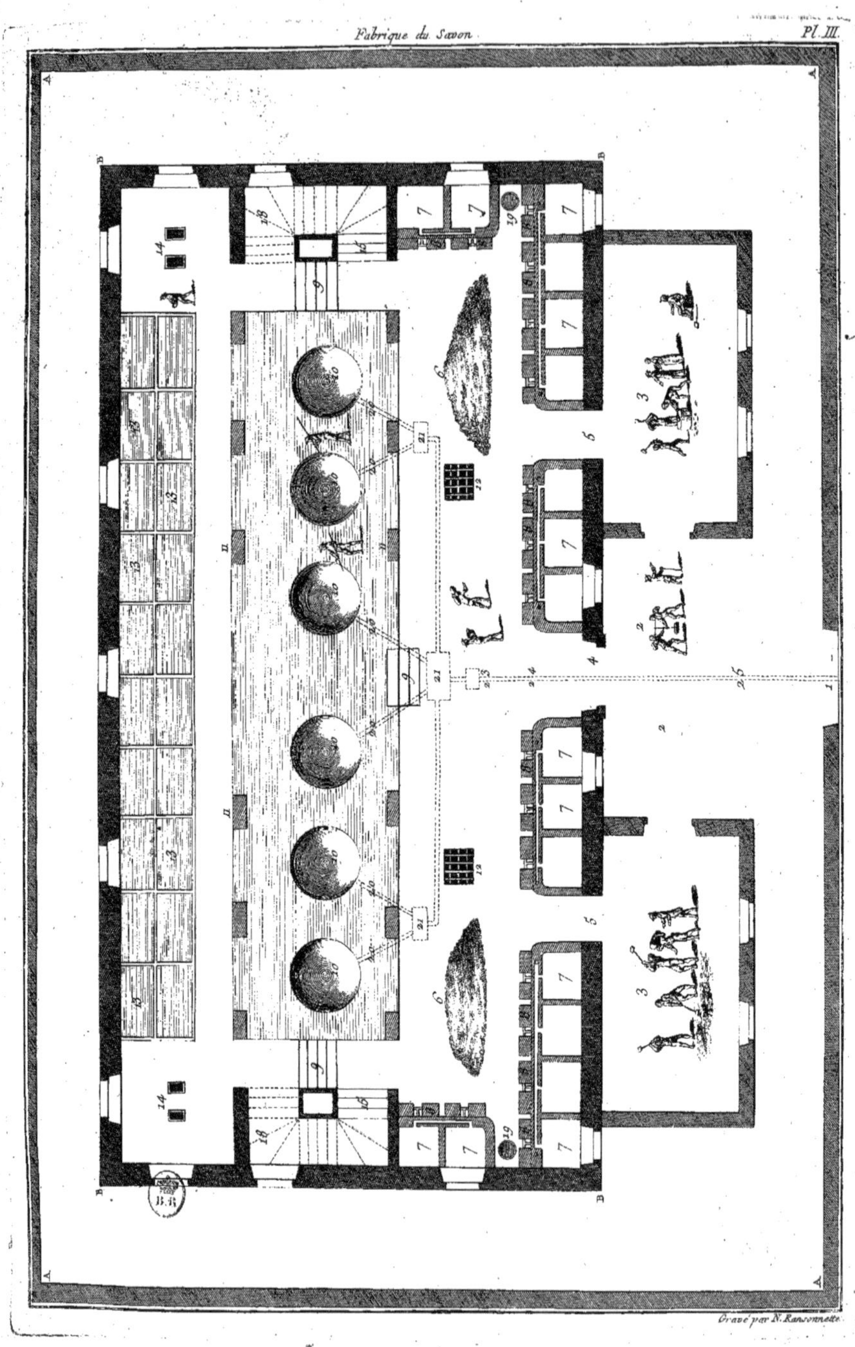

Gravé par N. Ransonnette.

Fabrique du Savon

Pl. IV.

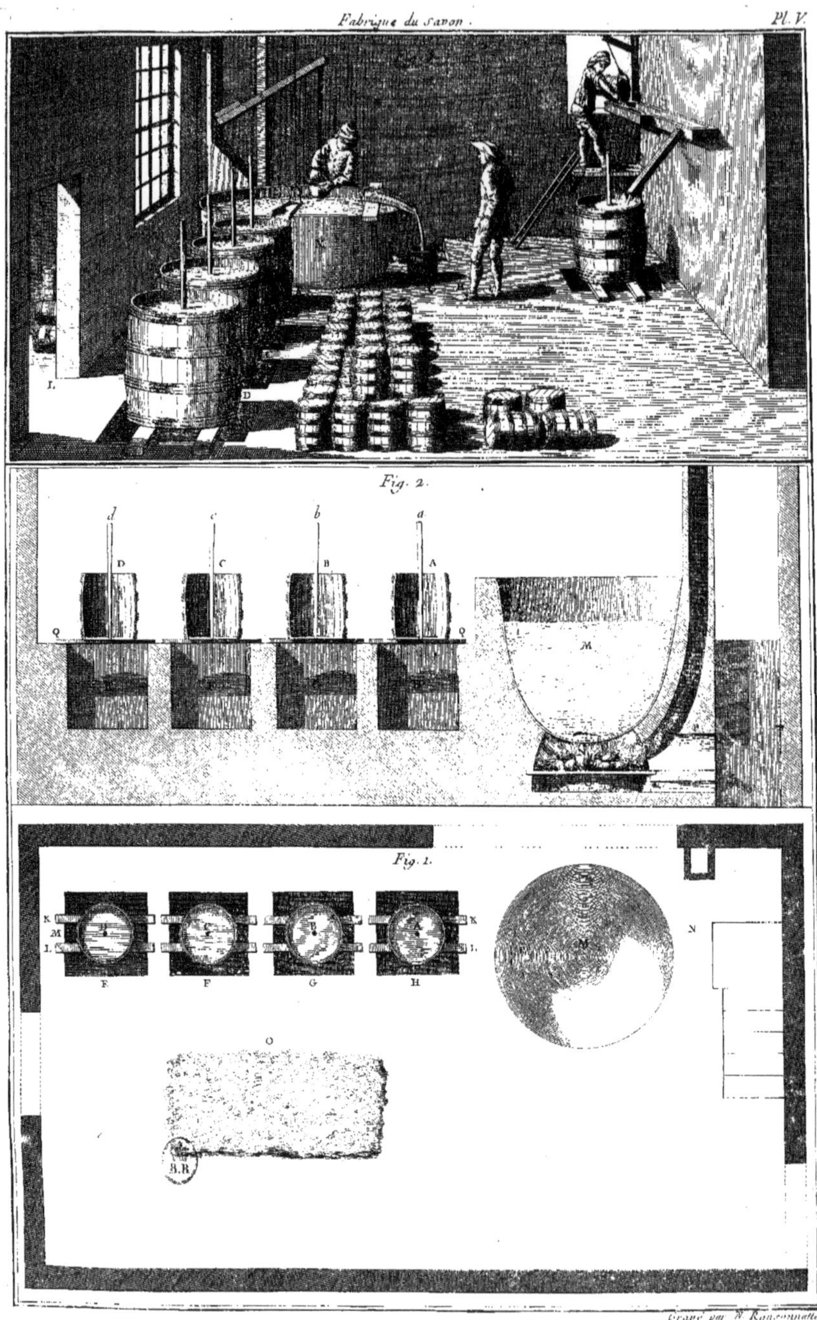

Gravé par N. Ransonnette.

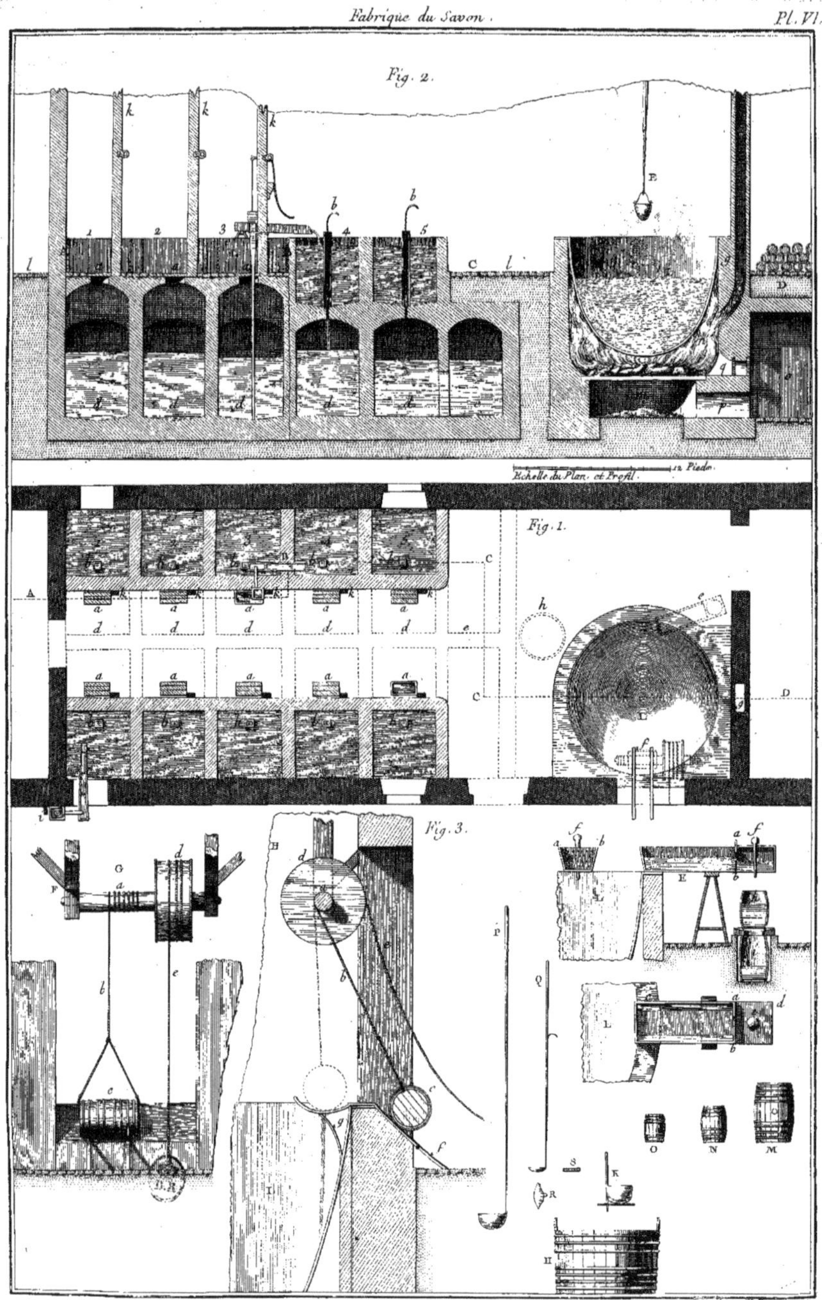

Gravé par N. Ransonnette.

www.ingramcontent.com/pod-product-compliance
Ingram Content Group UK Ltd.
Pitfield, Milton Keynes, MK11 3LW, UK
UKHW020408230726
13925UKWH00003B/1307